JN287906

●長所を伸ばす心理学

楽観主義は自分を変える

創価大学教育学部教授
鈎 治雄
（まがり はるお）

第三文明社

まえがき

私たちが生きるということは、本当に大変なことであると思います。「人生は旅である」といわれますが、人生という旅を続けるということは、決して容易なことではありません。私たちが歩く道は、きれいに舗装《ほそう》され、疲れを感じさせない道だけではありません。でこぼこ道や山道もあれば、深い雪道を体験することもあります。青空が一面に広がる晴天の日もあれば、強い風雨にさらされながら、歩き続けなければならないときもあるでしょう。〝まさか〟という「坂」を転げ落ちることもあるかもしれません。思いもよらないことがわが身にふりかかってくるのが人生というものだと思います。

そのときどきで、私たちには、楽しさや喜び、うれしさだけでなく、つらさや悲しみ、沈みこんだ気分など、さまざまな感情がこみあげてきます。大切なことは、大きな壁《かべ》が立ちはだかり、厄介《やっかい》な出来事に遭遇《そうぐう》したときに、そうした困難や不安とどのように向き合うかだと思います。楽観主義という考え方は、そのような状況に直面したときに、人間として力強く生きる術《すべ》を、私たちに教えてくれているように思います。

人間ですから、ときには、自分のひ弱さを思い知らされることもあるでしょう。悲観主義に打ち負かされそうになるときもあります。でも、そんなときは、近いところばかりに目をやっているのではなく、少し遠くを眺《なが》めてみてはどうでしょう。きっと何かが変わり始めるはずです。

ともあれ、本書が、読者の皆さまの日々の生活に、少しでもお役に立つことができれば、筆者としてこれ以上の喜びはありません。

筆　者

●長所を伸ばす心理学

楽観主義は自分を変える

目次

第2章 心を豊かにするためのワンポイントアドバイス

第4章 「人間として生きる」……157

装幀／平柳豊彦

第1章

「楽観主義」で人生が変わる

1　悲観主義と楽観主義

「悲観主義」の人の説明スタイル

楽観主義は、「ふさぎこむ心」と向き合っていく上で、きわめて大切な考え方を示唆《しさ》してくれているように思います。はじめに、楽観主義の生き方について、皆さんとご一緒に考えてみたいと思います。

フロイト（S. Freud）以来の革命的理論家と称され、アメリカ心理学会の会長も務《つと》めたセリグマン（M. Seligman）は、その著書『オプティミストはなぜ成功するか』の中で、悲観主義の人と楽観主義の人の説明スタイルについて言及しています。悲観主義の人と楽観主義の人では、考え方の面で、どこに違いがあるのでしょうか。それは、望ましくない出来事に直面したときに、その違いが浮き彫《ぼ》りになります。

「悲観主義（pessimism）」は、ときに、「厭世《えんせい》主義」とも呼ばれます。「悲観主義」とは、一般に、悲観的な感情傾向、あるいは悪いことが起こると考える傾向のことをいいます。

セリグマンは、悲観主義者の「悪い出来事」に対する説明スタイル（心の持ち方）について、次の三つの視点から言及しています。その一つは、説明スタイルが「永続的」であるということです。「永続的」とは、これからもずっとこういうような状態が続くだろうと考える説明スタイルのことを指しています。

たとえば、「仕事の面で、もう二度と立ち直ることはできない」「取り返しのつかない失敗をしてしまった」「今かかえている悩みはきっと解決しないだろう」「ダイエットなんて、何度試《こころ》みようとも、絶対にうまくいくはずがない」「あの選手には、これからも勝てないだろう」「この経済苦はずっと続くだろう」「親との関係は、いつまでも修復《しゅうふく》されないにちがいない」といった思考法や考えは、そのような状態が持続すると考えるところに特徴があります。つまり、悪いことは、消え失《う》せることなく、いつまでも続くと思っているのです。

悲観主義者の説明スタイルにおける二つ目の特徴は、「普遍的」であるという点です。これは、何をやってもうまくいくはずがない、どれも皆同じだという考え方です。本来は、たった一つの不幸な出来事なのですが、それが、他のすべてのことに、例外なくあてはまると考えてしまうのです。不幸は、広くゆきわたると考える思考法です。

「世の中は、すべてにおいて不公平である」「真面目《まじめ》な性格の人は、いつも損をする」「教師なんて、皆信じられない」「お金のない僕《ぼく》は、何をしてもうまくいかない」「どんな薬を飲んだって効《き》き目がない」「勉強ができない自分は、何をやっても駄目《だめ》だ」「病院なんて、どこも同じであてにならない」「私は、すべてにおいてこうなのだ。本当に情けない」といった説明スタイルが、「普遍的」な説明スタイルの代表的なものであるといえるでしょう。

「普遍的」であるということは、説明スタイルに広がりがあるということを意味しています。ある一つのことで挫折《ざせつ》をすると、他の面でもそうだと考えて、否定的な考えに陥《おちい》ってしまうのです。

悲観主義者の説明スタイルの三つ目の特徴は、「個人的」、もしくは「内向的」であるということです。不幸な事態に陥《おちい》った原因は、すべて自分自身にあると考えます。悪いことの原因を、自分自身に向けようとします。

「こうなってしまったのは私の責任である」「すべて私が悪い」「私ほど、不幸な星のもとに生まれてきた人間はいない」「自分は、職場の中で一番嫌《きら》われている」「私は、本当に運が悪い」「チームが優勝できなかったのは、私がだらしなかったからだ」といった思考法や考え方が、「内向的」という説明スタイルです。

「内向的」な説明スタイルは、自分を責《せ》める、自分を過小評価するというところに大きな特徴があります。「内向的」な説明スタイルは、その人の低い自尊感情に基づいていることが多いようです。

以上、悲観主義の人の説明スタイルの特徴を整理しますと、「永続的」「普遍的」「内向的」ということになります。

「楽観主義」の人の説明スタイル

それでは、「楽観主義（optimism）」に根ざした人は、どのような説明スタイルをもっているのでしょうか。セリグマンによれば、「悪い出来事」に遭遇《そうぐう》したときの、楽観主義者にみられる説明スタイルの特徴として、次のような三つの特徴があることを指摘しています。

第一に、悪いことや好ましくないことは、「一時的」であるとする説明スタイルです。不幸な事態は、長くは続かないと考えるのです。

「次も失敗するとはかぎらない」「いつまでも負け続けるはずがない」「来年も、試験に合格できないとはいいきれない」「経済的な貧《まず》しさなど、いつまでも続くものではない」「課長は、いつも機嫌《きげん》が悪いわけではない」「こんなつらい経験など、そう長く続くものではない」というように、望ましくない出来事は、一時的であり、一過性のものであるとみなします。長期間にわたって、持続するわけではないと考えます。

第二に、楽観主義者の考え方は、「特定的」であるということです。悪い事態、不幸な出来事が生じたのは、特別な原因があったからだと考えるのです。たまたま、悪い条件が重なったからだとみなします。

「入試が不合格だったのは、雪の影響で電車のダイヤが乱れ、試験会場に遅れたからだ」「皆の前でうまく話ができなかったのは、たまたま、その日、風邪《かぜ》をひいていたからです」

「夫が私に激怒《げきど》したのは、何か会社で嫌《いや》なことがあったからだろう」「きょう、上司の機嫌が悪かったのは、少し体調が思わしくなかったからだろう」「試合に負けた原因はただ一つ。練習不足だったからだ」というように、原因や理由を特定化することで、気持ちの切りかえをはかるのです。あることが原因で、たまたまそうなってしまったと考えるのです。

楽観主義者の第三の説明スタイルの特徴は、「外向的」であるということです。このことを、セリグマンの見解をふまえて、筆者なりに展開してみますと、楽観主義者は、悪い出来事に遭遇しても、それは、自分にとって試練《しれん》であり、またやりがいのあることであると考えます。つまり、物事を前向きに、プラス思考でとらえるのです。

「今は貧しいけれども、それは、将来のための試練である」「下積みの経験は、きっと役立つときがある」「人間関係で悩んだ分だけ、人の気持ちがわかる人間になれる」「大病を患《わずら》ったからこそ、立派な看護師になれるのだ」「苦しみを味わった人ほど、大きな幸《しあわ》せをつかめる」というように、楽観主義の人は、目の前の試練を、ポジティブに前向きにとらえることができます。苦しい出来事に直面しても、決して、自尊心を失いません。つらい出来事を、次への前進のためのステップにしていきます。

以上、述べてきたように、楽観主義の人の説明スタイルの特徴は、「一時的」「特定的」「外向的」という点にあります。

選択するのは自分

現代は選択の時代である、とセリグマンはいいます。悲観主義的な生き方を選択するか、それとも、楽観主義的な生き方を選ぶかは、ひとえに、一人ひとりにかかっています。

楽観主義は万能薬ではない、ともセリグマンはいいます。楽観主義だけでは、すべての心の症状を克服《こくふく》することはできないかもしれません。また、楽観主義が、現実を正確に見つめる、正しく認識するという点で、ときに妨《さまた》げになったり、ある場合には、責任逃れの口実として用いられることもあるかもしれません。

しかし、楽観主義的な考え方は、人間の知性や賢《かしこ》さを援助していく上で、なくてはならないものであると述べています。楽観主義は、私たちが設定した目標を達成し、人生を有意義で価値あるものにしていく上で、欠くことのできない心の道具であることを強調しています。こうしたセリグマンの理論が、皆さんの人生や生き方を振り返るきっかけになれば幸いです。

2　楽観主義で生きる

人生を「達観」する

アメリカの心理学者カールソン（R. Carlson）は、ベストセラーとなった『小さいことにくよくよするな（Don't sweat the small stuff）』の著者として、日本でもよく知られています。

私も、自宅近くの図書館で、たまたま、この本を手にする機会がありました。本の表紙の裏には、図書館の貸出票が貼付《てんぷ》されているのですが、そこには、返却日を記《しる》したゴム印がびっしりと押されていました。それだけで、いかに、多くの市民がこの本を借りているかがよくわかります。ひょっとしたら、多くの方が、小さいことにくよくよする日々を送っておられるのかもしれません。

いや、最近では、ある精神科医によって、『くよくよするなといわれても……くよくよしてしまう人のために』というタイトルの本が、新たに出版されているくらいですから、世の中の人は、私も含めて、皆、「くよくよすること」を生きがいにしているのかもしれません。

冗談《じょうだん》はさておき、私自身、カールソンの考え方にふれて、学んだことが二つあります。一つは、「楽観主義」というものの考え方の基本は、「物事を達観すること」にあるのではないかということです。『広辞林』によれば、「達観」という言葉には、①一部にかたよらないで、広く全体を見通す、②くよくよせず、おおらかな心で観察する、という意味があります。楽観主義を、「将来に対して、よい見通しをつけられるような考え方、生き方」と定義するならば、くよくよするという狭く小さな心にとらわれるのではなく、目の前の出来事を、おおらかな心で見つめるという意味を持つ「達観」という言葉は、多分に、楽観主義に通じる面があるといえるでしょう。

たとえば、カールソンは、日々、くよくよしないために、自らを「メロドラマ（melodrama）」の主人公に仕立てるのではなく、豊かで美しい人生を意味する「メロードラマ（mellow drama）」にしていくために、落ちこみという気分は、優雅《ゆうが》にやり過ごすことが大切だと述べています。穏《おだ》やかな性格の人は、否定的な気分は、一過性のものであることをよく知っています。落ちこみという沈んだ気分は、台風がそうであるように、時間とともに確実に立ち去っていくものです。ですから、悲しい気分に陥ったときは、神経質にならずに、リラックスして、落ち着いて優雅に対処せよというのです。憂《ゆう》うつな気分を「一過性」のものとしてとらえる見方は、本章1で紹介したセリグマンの、「一時的」という楽観主義の説明スタイルに相当するといえるでしょう。

カールソンは、こうもいいます。相手に対して、怒《いか》りの感情や、苛立《いらだ》ちの気持ちが表出《ひょうしゅつ》した場合には、「むかつく相手は、幼児か百歳の老人だと想像せよ」と。頭にくる相手と出会ったり、感情的になったときには、相手を幼い子どもか、高齢の老人だと思いなさいと。

人生には、私たちが気落ちしたり、気分が滅入《めい》るようなことが山積しています。友だちに悪口をいわれた、自分の性格のことで悩んでいる、国家試験に不合格であった、経営不振で工場を閉鎖しなければならない、彼女にふられた、勉強が苦手《にがて》である、結婚式のスピーチで失敗をして大勢の前で恥《はじ》をかいた等々、生活の中で、気分が沈んでしまう出来事は、枚挙《まいきょ》に暇《いとま》がありません。しかし、カールソンはこういいます。「百年後はすべて新しい人々ですよ」と。そんな小さなことが、百年後に、いったいどれほどの意味があるのだろうというのです。

歌手の中島みゆきさんは、『永久欠番』という歌の中で、私たちに「どんな立場の人であろうと　いつかは　この世に　おさらばをする　百年前も　百年後も　私がいないことでは同じ――」と語りかけていますが、この歌詞もまた、カールソンの言葉に相通じるものがあります。

セリグマンが、不幸な出来事の原因や理由を「特定化」することが、「楽観主義」の説明スタイルの特徴の一つであると述べているのに対して、カールソンの場合には、巨視的な視点から、今一度、不幸な出来事をとらえ直すことにより、悪い事態そのものを「矮《わい》小化《しょうか》」「無意味化」することで、気持ちの切りかえをはかることの大切さを教えてくれているように思います。

「落ちこみは、優雅にやり過ごせ」「むかつく相手は、幼児か百歳の老人だと想像せよ」「百年後はすべて新しい人々」といった考え方は、人生を達観することの大切さを私たちに教えてくれています。直面する出来事を、おおらかな心で見つめる、少し距離をおいて見つめ直してみる、出来事をクローズ・アップで見るのではなく、ロング・ショットで見つめてみるというように、人生観に広がりをもたせるということが、楽観主義に通じる道であると思います。

感謝の心が「楽観主義」を育てる

さて、カールソンの考え方から学んだもう一つのことは、少し唐突《とうとつ》な言い方になるかもしれませんが、感謝の心が「楽観主義」を育てるということです。感謝の心と「楽観主義」は、一見、別々のもののように思われますが、一歩深いところでは、互いにつながっているように思われます。

たとえば、カールソンは、「週に一度は、心のこもった手紙を書こう」と私たちに呼びかけています。手紙を書くという営《いとな》みは、相手に対してだけではなく、自らの人生に対しても感謝の気持ちがこみあげてくるものです。手紙は、大切な「心の贈《おく》り物」なのです。

同じように、交流分析という心理学の理論でも、豊かな人間関係を育《はぐく》んでいくためには、気づかいや気配り、思いやりの心を育むことが大切であることを教えています。そのためには、「はが木・（葉書）」という「木」を育てること、つまり、周囲の人々に、心のこもったはがきや手紙を書き綴《つづ》ることの重要性について指摘しています。

心理学の「内観法」という考え方もまた、自分や他人に対する見方を変え、私たちが憎《にく》しみや恨《うら》み、怒《いか》りやこだわりから解放され、心の安らぎを得ていくためには、生活の中で、一、「（相手に）してもらったこと」、二、「（相手に）して返したこと（してあげたこと）」、三、「（相手に）迷惑《めいわく》をかけたこと」の三つの観点から、自身を振り返ることの大切さについてふれています。このうち、第一の「してもらったこと」という観点から自らを振り返ることは、他者への感謝の気持ちを育んでいく上で、不可欠な営みであるといえます。

「楽観主義」の説明スタイルの特徴の一つは、「外向的」であるということでした。つまり、何ごとも前向きにプラス思考でとらえるというのが、「楽観主義」の大きな特徴であるといえます。

しかし、こうしたプラス思考としての「楽観主義」は、他者に対する感謝の気持ちや思いやりの心を大切にする努力や訓練をとおして、育まれていくといえます。自分の心を、一《ひと》まわりも二《ふた》まわりも大きくしていくことで、楽観主義は養《やしな》われていきます。つまり、他者への感謝の気持ちや信頼が、穏《おだ》やかで確かなものの見方を培《つちか》い、楽観主義的な性質を育んでいくといえます。

3　認知を変えれば、世界が変わる

「論理療法」の視点

悲観主義的な人が、楽観主義的な思考へと自らを変えていくためには、自分に対する「認知（cognition）」、すなわち、自分に対する見方や考え方を変えていく必要があります。つまり、「自己認知」を変える必要があります。その意味では、心理学における論理療法の視点は、私たちの固定的なものの見方や考え方に修正を迫ろうとする点で、興味深いものがあります。

「論理療法（rational–emotive therapy）」は、アメリカの臨床《りんしょう》心理学者、アルバート・エリス（Albert Ellis）によって提唱されました。認知行動療法の代表的なものの一つでもあります。頭文字をとって、「ＲＥＴ」ともいわれています。この理論の特徴は、人間の悩みは、なぜ生じるのかということを考えたときに、それは、多かれ少なかれ、非合理的な思いこみや、論理的必然性に欠ける信念によってもたらされると考えるところにあります。

論理療法の特徴は、後述するように、私たちの潜在《せんざい》意識を意識化することにあります。それは、「論理実証主義」の哲学ともいわれるように、哲学的な色彩の強い理論です。少し俗っぽい言い方をすれば、論理療法の目的は、私たちの人生哲学の検討にあるといえます。論理療法は、言い換えれば、説得療法であるということができます。きわめて自己分析の色彩が強い理論です。

論理療法では、人間の悩みのメカニズムを理解しようとするときに、「A」「B」「C」「D」の四つの段階からアプローチを試みます。「A」とは、「出来事（activating event）」のことです。「A」は、あることを引き起こすような日常生活上の出来事や経験のことをいいます。つまり、本人にとって、「困った状況（adversity）」を指しています。たとえば、「仕事に失敗をした」「緊張《きんちょう》のあまり、人前でうまくしゃべれず、笑われた」「きのう、夫婦で大喧嘩《おおげんか》をした」といった状況が、いわゆる「A＝出来事」に相当します。

これに対して、「B」とは、「誤《あやま》った信念（irrational belief）」のことをいいます。「B」は、矛盾《むじゅん》に満ちており、心理的混乱を引き起こすような非合理的な信念や思いこみのことです。イラショナル・ビリーフは、「～であらねばならない」「～であるべきだ」といったかたちで表《あらわ》されるかたくなな信念です。「仕事は、完璧《かんぺき》にやり遂《と》げて当然だ」「人前では、うまく話をすべきである」「夫というものは、常に、家族の考えに理解を示すべきである」といった思いこみが、「B＝誤った信念」に相当するものです。

「C」とは、「結果（consequence）」のことです。結果としての本人の問題や悩み、症状のことを指しています。先の例でいいますと、「（仕事のできない）自分は、駄目《だめ》人間だ」「人前ではもう話せない。人前に立つと常に顔が赤くなる」「愚《おろ》かな亭主とは、もう絶対に口をきいてやらない」といった自己否定的な感情や自己嫌悪《けんおかん》感、悩み、症状が「C＝結果」に相当します。

ここで大事なのは、論理療法では、私たちの悩みが生じるのは、「A＝出来事」という困った状況に直面したから、悩みや症状という「C＝結果」が生じたのではないと考えます。問題や悩みのプロセスは、「A」→「C」ではないのです。「A」→「B」→「C」なのです。ある出来事に直面して、悩みが生じるまでには、そのあいだに、「B」という思いこみ、すなわち、イラショナル・ビリーフが介在していると考えるのです。悩み（C）は、なぜ生じるのか。それは、個人が誤った思いこみや信念（B）をたずさえているから、その結果として生じるというわけです。

つまり、「C」という「悩み」の元凶《げんきょう》は、「A」という出来事や困った状況ではなく、そのあいだに介在している「B」、すなわち、自身の「思いこみ」であると考えます。したがって、この「B」という誤った信念、非合理的な考え、思いこみをたたきつぶすことこそが、悩みを克服する道筋であるととらえるのです。

心の悩みの原因は、「A」という困った状況や出来事にあるのではない、状況や出来事に対する受けとめ方にあると考えます。誤った信念や思いこみのせいであると考えるのです。

「イラショナル・ビリーフ」に反論する

このようにみてきますと、論理療法は、現象をどう受けとめるかという認知の問題を取り扱った理論であることがわかります。つまり、悩みや不安は、誤った信念や不合理な思いこみに起因していることを、私たちに伝えようとしています。

誤った信念や思いこみ、すなわち、イラショナル・ビリーフは、私たちの心理的な不安や混乱を助長させます。イラショナル・ビリーフは、自分を否定的にみる感情を強め、行動に悪影響を及ぼします。誤ったビリーフは、すでに、ふれてきたように、「～であらねばならない」「～であるべきだ」「～をして当然である」というような頑固《がんこ》な信念であるといえます。

イラショナル・ビリーフには、大きく三つの種類があります。一つは、自分に関するビリーフ（例＝「私はみんなから尊敬されるべきだ」など）、二つ目には、他の人々（まわりの人）に関するビリーフ（例＝「人は皆、私に親切にすべきだ」など）、そして三つ目には、環境や状況に対するビリーフ（例＝「学校は、子どもや親のために奉仕して当然である」など）です。これらの三つの種類のビリーフすべてに共通していることは、①事実に基づいているわけではない、②論理的な必然性に欠ける、③自分をみじめな気持ちにさせる、ということです。

論理療法では、私たちの悩みや不安を解決していくためには、こうした自分がたずさえているイラショナル・ビリーフを明らかにし、それを打ち破っていくことが大事であると考えます。イラショナル・ビリーフが、いかに、愚かな信念であり、論理的に矛盾に満ちあふれたものであるかということを、自分自身が気づくように仕向けていくことが大切なのです。このイラショナル・ビリーフに気づき、それをあらためていく過程を「D」、すなわち、「反論（disputation）」といいます。

前述の例でいいますと、「仕事は、完璧にやり遂げて当然である」「人前では、うまく話をすべきだ」「主人は、常に、家族のことに理解を示すべきである」といったイラショナル・ビリーフが、いかに論理的に矛盾をかかえているかを論破していく過程が「D＝反論」のプロセスであるといえます。

具体的には、「常に仕事を完璧にこなせる人間などいるのだろうか？　仮に、仕事を完璧にこなしたとしても、はたして給料はあがるのか？」「誰もが、人前でいつも上手《じょうず》に話ができるものだろうか？　プロのアナウンサーだっていい間違えることがあるではないか」「世の亭主は皆、常に、家族のことに理解を示しているのだろうか？　うちの主人は、まだましなほうでは？」というように、思いこみに対して反証を企《くわだ》ててみるのです。

「反論」のポイントは、①自分のイラショナル・ビリーフが正しいという根拠《こんきょ》や証拠は、いったい、どこにあるのか？　②自分のイラショナル・ビリーフは、はたして論理的に矛盾はないのか？　飛躍《ひやく》してはいないか？　ほかに考え方はないのか？　③イラショナル・ビリーフが、仮に事実だったとしても、それがどれほどの意味をもつというのだろうか？　④イラショナル・ビリーフを捨て去ったところで、何かまずいことでもあるのだろうかと、自分自身に問いかけてみることです。

「勇気づけ」と楽観主義

イラショナル・ビリーフに支配された生き方は、悲観主義という落とし穴に自分自身を封じこめることにほかなりません。私たちの意欲を喪失《そうしつ》させ、私たちの行動にブレーキをかける元凶です。

「反論」は、こうしたイラショナル・ビリーフという行き過ぎた信念に立ち向かうことを意味します。思いこみという誤った認知に対して変容を迫るところに特徴があります。自分の思いこみは、おそらく間違っているかもしれないというように、自己への気づきを深める過程が「反論」です。

このように考えると、「反論」のプロセスは、明らかに、楽観主義に通じるといえるでしょう。イラショナル・ビリーフに反証を企てるということは、将来に対して、よりよい見通しをつけられるような考え方や生き方を提供するということにほかなりません。

論理療法における「反論」というプロセスは、出来事や直面する困難な状況に対して、悲観主義に陥ることなく、前向きに生きるということの大切さを教えてくれています。「反論」は、ともすれば、悲観的で暗く抑《よく》うつ的になりがちな私たちの心に、安心を与えてくれます。元気を与えてくれます。生きる力を吹きこんでくれます。

「仕事で失敗をしたことのない人など、どこにもいないのだから、いつまでもくよくよしていてもしかたがない。失敗をするということは、人間の自然なありようなのだ」「人前では、誰でも皆、緊張して言い間違いをするものだ。自分はプロの話し手ではない。あがってうまくしゃべれず、顔が赤らむのは、正直な人間であるという証拠だ」「理想の夫など、どこにも存在しないだろう。主人も家族への理解は十分ではないが、給料は、しっかり運んでくれる」というように、「反論」することで、生きる元気や勇気がわいてきます。

目の前の出来事に対して、違った見方ができるということは、悩みや落ちこんだ心に元気を与え、勇気づけをしていく上で、きわめて大切なことです。楽観主義とは、物事をあまく考えるということではありません。出来事や状況に対して、何よりも、「否定的でない考え方」を学ぶということなのです。

論理療法の考え方をとおして、物事を悲観的に見ないということが、いかに大切であるかということを、私たちはしっかりと学んでいく必要があると思います。

4　心の「中心転換」

思考と「機能的固着」

私たちが、何かについて考えるというときに、あるいは問題を解決しようとするときに、自分自身がもっている「既存《きぞん》の枠組み」から抜け出すということは、なかなか容易なことではありません。

たとえば、図1（次頁）を見てください。これは、問題解決場面での思考の特徴について語るときに、しばしば引き合いに出される「九点連結問題」です。「図に示されたように、今、九つの点があります。この九つの点を、四本の連続した直線を用いて結んでください」というのが問題です。四本の直線は、あくまでも連続していること、つまり、つながっているということが条件です。四本の直線は、交差してもかまいません。

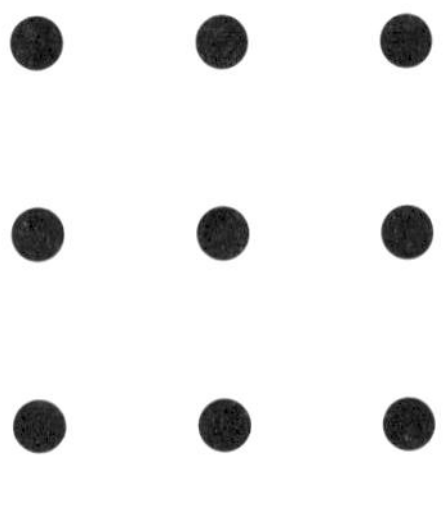

図１　９点を通る４本の連続した直線を引く

すでに、この問題を知っている人であれば、簡単に解《と》けるでしょうが、初めての人にとっては、なかなか手ごわい問題です。図に四本の線を引いてみてください。どうですか。解けますか？

今、初めてこの問題と出合った方は、図に示したように、ほとんどの人が、九つの点の枠内、つまり、九つの点という枠組みの中で、問題を解こうとされたのではないでしょうか？　正解はおわかりですか？　そうです。四本の連続した直線を引くときに、九つの点という枠組みから抜け出すという発想、つまり、九つの点の枠からはみ出して直線を引くことができたら、正解です。ここまでヒントをいっても、なおかつ、正しい答えがわからない方は、ちょっぴり、柔軟性に欠ける頭の固い人かもしれません。

もう一つ、問題を出してみましょう。次の問題は、**図2**に示したように、「六本のマッチ棒《ぼう》を使って、まったく同じ大きさの三角形を四つ作りなさい」という問題です。三角形の各辺は、マッチ棒の長さであることが条件です。もちろん、マッチ棒を折ったりしてはいけません。いかがですか？ 正しい答えが頭に浮かんできたでしょうか？

そうです。この問題を解くときも、私たちは、往々《おうおう》にして、平面上で、つまり、二次元の世界で問題解決をはかろうとしがちです。三次元で考えてみるということをしないと、正解は得られません。ここまでヒントを差し上げても、まだ、答えがおわかりでない方は、なかなかの頑固者ですよ。二つの問題の正答は、あえて出しませんので、ぜひ、皆さんの力で考えてみてください。

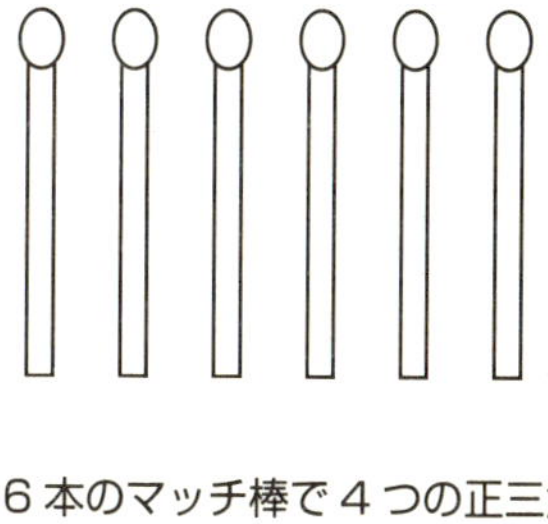

図２　６本のマッチ棒で４つの正三角形を作る

こうした九点連結問題やマッチ棒による三角形作りの問題に象徴されるように、問題解決に際して、九つの点という目の前の枠組みからなかなか抜け出せないこと、あるいはまた、平面や二次元という枠組みでしか思考が働かないことを、心理学では、「機能的固定(functional fixation)」とか、「機能的固着」と呼んでいます。「機能的固着」は、問題解決場面では、既存の思考の枠組みの影響を受けやすいこと、つまり、これまでの経験やすでにもっている思考の枠組みから抜け出すことが、いかに難しいかということを私たちに教えてくれています。

心の「中心転換」と楽観主義

このことは、言い換えると、私たちのものの見方や考え方は、ある固定した型《かた》から抜け出しにくいということを意味しています。つまり、私たちの思考活動は、その個人に特有の習慣的なものの見方としての「構《かま》え」の影響を強く受けています。

ところで、心理学では、こうした既存の思考の枠組みから抜け出すこと、すなわち、機能的固定から脱却することを「中心転換（recentering)」と呼んでいます。中心転換とは、未解決の問題に対して、従来の枠組みにとらわれずに、視点を変えて考え直してみることをいいます。つまり、発想の転換をはかるということです。

既存の枠組みに執着《しゅうちゃく》することなく、中心転換をはかるということは、すでに、前節の論理療法のところでふれてきたように、「反論」によって、イラショナル・ビリーフを克服するという過程に通じるものがあります。イラショナル・ビリーフという固定的な枠組みにいつまでも終始していると、悩みや落ちこみの感情からなかなか抜け出せないものです。先ほどの九点連結問題ではありませんが、自身の固定的な見方に執着していては、問題解決のための方向性は、なかなか見えてこないものです。

しかし、その一方で、中心転換という言葉に象徴されるように、ほんの少し、自分に対する見方をあらためたり、固執した考え方を見直してみることで、私たちの悩みや不安が解消される場合があります。ほんの少し、気持ちの切りかえをはかることで、解決の糸口が見いだせることがあるものです。

それは、ちょうど、ゆで卵をつくるときに、卵の殻《から》が割れないようにするためにはどうすればいいかという解決方法を探《さぐ》ることにたとえられます。卵の殻が割れないようにするための方法として、お湯を沸騰《ふっとう》させない、徐々に水の温度をあげる、水に塩か酢《す》を入れる、卵を布巾《ふきん》に包んでゆでるなど、いろいろな意見が出されることでしょう。しかし、最も効果的な方法は、ゆでる前にたまごの尻《しり》にピンで穴をあけ、膨張《ぼうちょう》する空気の逃げ場をつくっておくことです。

気持ちの転換をはかるということは、決して大げさなことではないのです。ほんのわずかでいいですから、「〜でなければならない」や、「〜であるべきだ」という完璧主義の誤ったビリーフを、少し疑ってかかることから始めてみるのです。

すでに述べてきたように、楽観主義的なものの見方とは、単に物事をあまく見るということではないのです。現実を直視することを避けるということでもありません。少し冷静になって、「否定的でない考え方」を学ぶということ、すなわち、すべてを否定してかかるということ自体が行き過ぎた考えであり、間違いであるという考え方を身につけていくことにほかならないのです。

5　「楽観主義の哲学」に学ぶ

哲学者アランについて

皆さんは、アラン（Alain 1868–1951）という哲学者の名前をご存じですか。私の大好きな哲学者の一人です。彼は、フランスのモルターニュで生まれました。アランは、フランスの高等中学校であるリセで、四〇年間にわたり、哲学の先生として教壇《きょうだん》に立ってきました。アランという名前は、そもそもペンネームです。本名は、エミール・シャルティエ（Emile Chartier）といいます。なぜ、ペンネームがアランなのでしょうか。アランという名前は、フランスのブルターニュでは、よく知られたポピュラーな名前のようです。このアランという名前には、「気立てのいい男。ちょっとした田舎者《いなかもの》。間抜け者」という意味があるそうです。『幸福論』の訳者でもある神谷幹夫氏は、こうしたペンネームの意味からもうかがい知ることができるように、アランは、純粋さを恐れない良識の人を演じようとしたようだと述べています。

彼の代表的な著作としては、『幸福論』のほかに、『定義集』がよく知られています。アランの『幸福論』は、世界の中でも、最も美しい本の一つだと絶賛されています。また、『定義集』では、「楽観主義」という言葉をはじめ、多くの言葉が、哲学の上から定義されています。カードに書き記《しる》された『定義集』の手稿《しゅこう》には、いわゆる削除線が見られません。アランは、定義を書きあらためるときには、元の原稿に手を加えるというより、新たに書き上げた定義を元のカードの上に貼《は》り付けるというかたちをとったようです。

神谷幹夫氏によれば、今日でも、アランの哲学が、多くの人々によって慕《した》われている背景には、アランが「哲学を語らない哲学者」として、人間から人間へと直截《ちょくせつ》に語りかけていることがあるようです。「哲学とは、人間となる術《すべ》である」という一点に、アランの思想、哲学が凝縮《ぎょうしゅく》されているといえます。

彼の哲学は、ともすれば、ささいなことで沈みこみがちな私たちの心に、希望の明かりをともしてくれます。生きる勇気を与えてくれます。生きていてよかったという喜びを実感させてくれます。アランが残した一つひとつの言葉の中に、彼の類《たぐい》まれなる人格と人間性を垣間《かいま》見ることができます。

「悲観主義」とは

本章1でふれてきたように、心理学の観点から、楽観主義の心理的メカニズムについて学ぶということも、もちろん大切なことではありますが、より深く、人間の生き方に対する理解を深め、人間の在り方を思索していく上においては、哲学からみた「楽観主義」について学んでいくことも重要です。

その意味では、深い思索と洞察《どうさつ》の上に完成されたアランの哲学は、人間の存在というものを知り、生き方を学んでいく上で、実に多くのことを、私たちに教えてくれています。

まず、アランは、『定義集』の中で、「悲観主義（pessimism）」について、これは、人間にとって、ごく自然なものであると述べています。それを証明するものは、私たちの生活のいたるところに存在するというのです。人間としてこの世に生を受けたかぎり、誰もが皆、悲しみや苦しみ、苦悩、病気や死をまぬがれることはできないからです。つまり、悲観的な気持ちになるのは、人間として、ごく自然な営みであるというのです。

その上で、アランは、「悲観主義」を次のように定義します。「悲観主義は、厳密にいえば、現在は不幸ではないが、（未来の不幸を）予見している人間の判断である」と。あるいはまた、悲観主義とは、「好んで、あらゆる計画、あらゆる感情の、悪い結末を予言すること」であると述べています。アランによれば、悲観主義の本質は、意志を信じないことであるといいます。アランの哲学の中では、この「意志」の有無という点が、悲観主義と楽観主義との違いを区別する重要な境目《さかいめ》なのです。

また、アランは、『幸福論』の中で、「悲観主義は気分によるものである」と明確に述べています。悲観的な感情や思いは、「気分」以外の何物でもないというのです。ただ、気分にまかせて生きていると、皆、誰もが悲しみに支配されます。人によっては、苛立《いらだ》ち、怒りをあらわにする人も出てくることでしょう。「気分」は、正確にいえば、いつも悪いものなのだというのです。

人間は、「悲しくなるのに、哲学などいらないではないか」とアランはいいます。まったくそのとおりだと思います。私たちは、悲しい気持ちを味わうのに、高邁《こうまい》な哲学など必要とはしません。落ちこむときに、哲学など不要です。あたかも、池の中に投げこまれた石は、またたく間に、水中に深く沈んでいくように、私たちは、不幸な出来事やつらいことに遭遇《そうぐう》したとき、一瞬にして、気持ちを沈みこませることができます。落ちこんだ気持ちを生じさせるのに、哲学などいらないのです。

アランと「楽観主義」

これに対して、アランは、「楽観主義（optimism）」を、「自然的な悲観主義を退けるような意志的判断」と定義します。沈みこんだ気分というものは、多分に自然発生的な性格のものです。私たちは、つらい出来事や不幸な事態に直面したときには、自然と沈みこむ気持ちがわき起こってきます。アランは、この自然発生的な性質としての落ちこんだ気分を退けようとする意志こそが、楽観主義にほかならないと述べているのです。まさに、「悲観主義は気分によるものであり、楽観主義は意志によるもの」なのです。

繰り返し述べますが、アランが強調している点は、楽観主義、つまり、オプティミズムは、単なる思いや考えではないということです。オプティミズムは、その人の人間的な強さ、心の強靭《きょうじん》さ、意志と強く関連しているのです。今は、どんなに苦しく、深刻な事態に直面していたとしても、未来までもが不幸であるという保証など、どこにも存在しないという意志力、意志的判断こそが、真の楽観主義であるといえます。今、これだけの苦悩を味わっているわけだから、これからの人生が幸せにならないはずはないという強靭な意志、確信こそが、アランのいうオプティミズムであるといえるでしょう。

楽観主義は、しばしば、苦しみや病気、近親者の死という深刻な事態に遭遇することによって打ち負かされてしまうように思われます。つまり、私たちは、生死にかかわるような自身の病《やまい》や家族の死、あるいは多額の負債といったつらい現実に直面したときに、楽観主義はそれに屈してしまうのではないか、という思いをいだきがちです。

しかし、アランにいわせれば、幸福というものがあるとすれば、それは、すべて、私たち人間の強い意志と自己克服によって、はじめて獲得《かくとく》されるものなのです。私たち人間は、幸せになろうという強い心をもたなければ、幸せになんか絶対になれっこない、というのです。私たちが、真に幸福を求めようとするのであれば、どんなにつらく悲しい境遇に直面しようとも、それを克服し、乗り越えようとする意志が不可欠なのです。

アランの幸福論の核心部分は、人間が不幸になるのは、何ら難しいことではないということ、それに対して、人間が幸福になるということは、本当の意味で、不断《ふだん》の努力と困難をともなうものだということに言及している点にあります。
神谷幹夫氏は、アランの「プロポ」（哲学断章）から、次のような言葉を紹介しています。それは、

——「……本当の苦痛が訪れたら、その時、自分のなすべきことはただ一つしかない。人間らしく振舞《ふるま》い、強く生きること。おのが意志と生命とを一つにして、不幸と敢然《かんぜん》と戦うことだ」——

——「幸福になるのは、いつだってむずかしいことなのだ。多くの出来事を乗り越えねばならない。大勢の敵と戦わねばならない。負けることだってある。乗り越えることのできない出来事や不幸が絶対ある。しかし、力いっぱい戦ったあとでなければ負けたというな。これはおそらく至上命令である。幸福になろうと欲しなければ、絶対幸福になれない」

——

という言葉です。このアランの言葉は、「楽観主義」というものの精髄《せいずい》を、私たちに教えてくれているように思われます。
最後に、アランの『幸福論』の中から、私が心を打たれた言葉を紹介しておきましょう。

それは、次のようなものです。

「憂鬱《ゆううつ》な人に言いたいことはただひとつ。『遠くをごらんなさい』。憂鬱な人はほとんどみんな、読みすぎなのだ。人間の眼は、こんな近距離を長く見られるようには出来ていないのだ。広々とした空間に目を向けてこそ、人間の眼はやすらぐのである」

気持ちがふさぎこんだり、落ちこんだりするのは、近くを見すぎているからだというわけです。この「遠くを見つめる」という振る舞い、強靭《きょうじん》な意志力こそが、アランのいう楽観主義の真髄なのです。

アランという稀有《けう》の哲学者は、本来、人間には「勇気」という力がそなわっているといいます。たまたまそうなのではなく、人間は、本質的に「勇気」をそなえている存在であるというのです。こうした彼の考え方は、アランという人物が、紛《まぎ》れもなく、正真正銘《しょうしんしょうめい》のオプティミストであることを、私たちに教えてくれています。

大変な事態や困難な壁に直面したときに、アランの言葉は、きっと私たちに大きな勇気を与えてくれるにちがいありません。「大変」という言葉は、「大きく変わる」ということでもあるのですから……。

6　笑いの力、微笑みの哲学

「微笑み」には無限の力がある

笑いの研究で知られるイギリスのホールデン（Holden, R.）は、日々の生活を潤《うるお》いのあるものにしていく上で、きわめてユニークな考え方を私たちに提供してくれています。たとえば、彼は、仕事の能率をあげ、職場での雰囲気《ふんいき》を和《やわ》らいだものにしていくために、「職場のスマイル経営」を提唱しています。

たとえば、①会社の壁の一部を開放して、社員が自由にジョークや漫画《まんが》、洒落《しゃれ》などを書きこめる「ジョーク・ウォール」を設置する、②社内にマスコットを設置する、③社内での挨拶《あいさつ》運動の推進、④月に一度、月曜日にランチタイムを実施し、社員が交替《こうたい》で楽しい企画を実施する、⑤毎週金曜日には、社員全員がカジュアルな服装で出勤するアロハ金曜日の実施などです。

フランスにはウイットがあり、イギリスにはユーモアがあり、アメリカにはジョークがあるといわれますが、企業経営の面でも、ジョーク（冗談）やスマイル（微笑《ほほえ》み）による社内の雰囲気づくりを、経営努力の第一にあげている点は評価に値《あたい》するといえます。

微笑みは、人間関係を潤いのあるものにしていく上で、なくてはならない潤滑油《じゅんかつゆ》であるといっても過言ではありません。微笑みは、お金では買うことのできない大切なことを私たちに与えてくれ、与えられる人だけでなく、微笑みを発する人々の心をも豊かにしてくれると、ホールデンはいいます。

微笑みは、生後一週間から表れるとされますが、赤ちゃんの微笑みは、人間の心を癒《いや》してくれる上で、最も効果的なものであるといっても過言ではないと思います。

アメリカのクライン（Klein, A.）は、「微笑み」は、世界で最も長い言葉であるとともに、世界で最も短い表現であることに言及しています。そして、「微笑み」は世界で最もてっとり早い方法であるというのです。それはなぜでしょうか。

微笑みという言葉は、英語で書き表すとsmilesになります。しかし、このsmilesという綴《つづ》りをよく見てみますと、sとsのあいだに、距離をあらわすmileという綴りが含まれていることがわかります。つまり、世界で一番長い言葉であるというわけです。また、微笑みほど、自分の気持ちが一瞬にして相手に伝わるものはありません。その意味で、微笑みは、世界で最も短い言葉なのです。

では、微笑みが、世界で最もてっとり早い方法であるとされるのはなぜでしょうか。それは、悲観的になって落ちこんだ心、憂《ゆう》うつな気分を追い払うのに、最も手短《てみじか》な方法であるとされるからです。微笑みには、私たちのすさんだ心に、癒《いや》しと勇気を与えてくれるという点で、無限の力があるといえます。

微笑みと同様に、笑いもまた、私たちの心を癒し、身体にもプラスの効果をもたらしてくれます。「笑いは、体内のジョギング」というノーマン・カズンズの言葉からもうかがえるように、笑いによって、からだの器官の働きが活発化することも確かなようです。最近では、被験者に対して、数時間、喜劇を見せて笑いを体験してもらい、その後で、ガン細胞を破壊する働きをもつ「キラー細胞」の強さを測定したところ、キラー細胞が強くなったという報告もあるくらいです。

「一笑一若」という言葉もあるように、笑いは、私たちの心を若返らせ、心の健康を維持していく上できわめて有効です。また、笑いは、肉体にとって医師以上の効果をもたらすともいわれるように、身体的な健康の維持とも深くかかわっています。

笑いは、日々の私たちの生活面でも、さまざまな効果をもたらしてくれます。何よりも笑いは、その場の雰囲気を和らいだものにしてくれます。笑いは、私たちの生活に潤いを与えてくれるという点で、欠くことのできないものです。笑いは、人間関係という歯車が円滑《えんかつ》にうまく回転していく上で、なくてはならない潤滑油であるといえるでしょう。

私は、社会人を対象にした大学の通信教育の「親子の心理」に関する授業の中で、「メタファー（metaphor）」というたとえの手法を用いて、家族の様子や実態を、まったく別の事柄にたとえてもらうことで、家族のイメージや家族というものの本質を浮き彫りにするという試みをおこなっています。

メタファーは、暗喩《あんゆ》とか、隠喩《いんゆ》とも呼ばれているたとえの手法の一つです。簡単にいってしまえば、「なぞかけ」をやってもらおうというわけです。メタファーによって描き出された家族像によって、家族というものの本質や実態について知ることができ、家族に対する新しい発見をすることが可能になります。作品は、家族の本質を見事についているだけに、実におもしろく、私たちの笑いをさそいます。今ここで、その幾《いく》つかを紹介してみましょう。

主人の給料は　新幹線である
　そのココロは　ひゅっと通り過ぎていく
主人の財布は　はやらないお店のようである
　そのココロは　いつも空《から》っぽ
おやじは　たぬきの置物である
　そのココロは　腹だけがでている
お母さんは　火山である
　そのココロは　いつ何をきっかけに爆発するかわからない

わが家の住宅ローンは　おもしろくない先生の授業である
そのココロは　早く終わってほしい

いかがですか？　どの作品も家族というものの本質を見事についているだけに、思わず笑いがこみあげてきます。笑いは、雰囲気を和ませ、心に元気を与えてくれます。

このようなメタファーを用いたなぞかけの世界は、なぜ、私たちの笑いをさそうのでしょうか。それは、たとえをとおして、実生活における嘘偽《うそいつわ》りのない本音《ほんね》の部分が炙《あぶ》り出されているからです。メタファーによって得られた笑いやユーモアは、私たちの心に安堵感《あんどかん》や元気を与えてくれます。

「上機嫌」と楽観主義

さて、前節で紹介したフランスの哲学者アランは、本当の意味での楽観主義者であると思います。そのアランの『幸福論』（神谷幹夫訳）の中に、次のような興味深い一節があります。

——みんなが、それぞれ自分のやっている治療法について、入浴だの、シャワーだの、食事療法だのについて話した。すると、もう一人の男が言った。

「ぼくはね。二週間前から上機嫌という一つの治療法をやっているのだが、とても具合がいいよ。こういうときがあるよね。考えることがどうも棘々《とげとげ》しくなるときとか、むしゃくしゃして何でもかでも、けちをつけるときとか、他人のなかにも、もはや何ひとつ美しいものや良いものが見いだせないときとか。考えがこういう方向に向いたときが、上機嫌法が必要なときなのだ。……これをやると、そういう小さな悩みが逆に大いに役立つのだ。ちょうど坂道をのぼるおかげで足が強くなるのと同じように」

彼はさらに続けた。

「……上機嫌法をやっていると、ものごとの展開がまったく違ってくる。そのことが気持ちのいいシャワーのように感じられる。豊かに波うつ生命があふれ出てくる。人生がよいものに感じられる」——

こうした言葉が示唆しているように、機嫌がいいということは、楽観主義の大切な条件の一つであるといってもいいかもしれません。とくに、職場の中で、上司と呼ばれている方々は、多くの部下たちの前で、アランのいう上機嫌療法をぜひ実践していただきたいと思います。もちろん、家庭にあっては、お母さんは、太陽の存在として、常に、上機嫌であっていただきたいものです。上司の機嫌がいいと、職場の雰囲気が和《なご》みます。温かい雰囲気に包まれます。お母さんの機嫌がいいと、子どもたちが救われます。家庭が明るくなります。

不機嫌という行為からは、何一つ創造的なものは生まれてきません。いらいらするということは、自分で自分の首を締《し》めつけてしまうようなものです。明るく機嫌よく振る舞っていこうという強い意志には、自分だけでなく、まわりをも大きく変えていく力があることを肝《きも》に銘《めい》じていきたいものです。

第2章

心を豊かにするための
ワンポイント　アドバイス

1　体とともに、心にも栄養を！

「つきあい」と「ふれあい」

身体の発育に食物が欠かせないように、私たちの心を育《はぐく》んでいく上においても、栄養が必要です。人間の心もまた、栄養をたっぷりと吸収することで、豊かさを育んでいくのです。それでは、この心の栄養とは、具体的には何を指しているのでしょうか。それは、一言《ひとこと》でいうならば、人との「ふれあい」と呼ばれているものです。

この「ふれあい」とよく似た言葉に、「つきあい」という言葉があります。「つきあい」という言葉には、「交《まじ》わり」とか、「交際」、「義理で交際する」という意味があります。つまり、「つきあい」は、どちらかといえば、表面的で、底の浅い人間関係を意味する言葉であると考えられます。

これに対して、「ふれあい」という言葉は、「つきあい」より一段深い交流、本音に近い関係を表すときに用いることが多いようです。心理学の交流分析理論では、こうした人間関係における「ふれあい」のことを、「ストローク（stroke）」と呼んでいます。ストロークは、「心の栄養源」にほかなりません。

ストロークは、元来、水泳の「ひとかき」や、ボートを「漕《こ》ぐ」、また、心臓の鼓動《こどう》や脈拍《みゃくはく》という意味をもつ言葉です。総じて、「なでる」や「さする」、「なだめる」といった意味が含まれています。ストロークは、その人の存在や価値を認めるための働きかけや言動のことであるといってよいでしょう。

食欲や睡眠欲、性欲とともに、「集団欲」もまた、重要な人間の基本的欲求の一つであるとされます。わが国の心身医学の第一人者であった池見酉次郎《ゆうじろう》氏は、わが身を保持するための食欲、人間という種族を保存するための性欲、そして集団欲という三つの本能的欲求の中でも、一番基調になる欲求は集団欲であると述べています。私たちは、しのぎを削《けず》るような厳しい競争主義の中で人間関係を保ちながらも、その一方で、たえずさまざまな集団をつくって生きていくことで、安心感を維持しているところがあります。

そうした意味では、私たちは、文化の違いや年齢、性別を問わず、人とのあいだに、ストロークというふれあいを求めて生きているといっても過言ではありません。肌《はだ》と肌のふれあいやスキンシップなどは、集団欲の原形であるといっていいでしょう。

交流分析と三つの「ストローク」

心理学の交流分析理論では、このストロークに、大きく三つの種類があることを指摘しています。

その一つは、ほおずりをする、抱きかかえる、愛撫《あいぶ》をする、背中や手をさする、肩をたたく、頭をなでるという「身体的ストローク」です。身体的ストロークは、いわゆるボディコンタクトに相当するものです。

とりわけ、乳幼児期の段階では、身体的なふれあいは、子どものその後の精神的発達に、多大な影響を及ぼします。乳幼児には、お母さんの肌の温《ぬく》もりや心臓の鼓動にふれたいという欲求があります。お母さんがやさしく抱きしめたり、おんぶしてあげる、あるいはまた、お父さんとともに、からだを使った遊びや、相撲《すもう》などの運動を楽しむことで、そうした欲求は満たされていくのです。

大人《おとな》の場合にも同じことがいえます。手を強く握《にぎ》りしめる、抱き合って健闘《けんとう》をたたえあう、お風呂《ふろ》で背中を洗ってあげるといった身体的ストロークは、生きる喜びを実感していく上で、とても大切なことです。すでに、述べてきたように、肌のふれあいに象徴される身体的ストロークは、人間の集団欲の原初的形態であるといえます。それは、いろいろなスポーツを観戦していても、優勝したチームのメンバーの歓喜と感動の最も端的な表れ方が、互いに抱き合うことであるということからもわかります。

二つ目は、「言語的ストローク」です。友だちとの有意義な語らいや家族での雑談、悩んでいる人への励ましや、相手の努力をほめたたえるといった言葉によるストロークもまた、人間の心を豊かにしていく上で、欠くことのできないものです。カウンセリングという営《いとな》みもまたそうですが、人は、温かい言葉かけによって癒《いや》され、生きる力を回復していくものです。とりわけ、人間は、誰しも、他者からの自分に対する称賛を、一生忘れないものです。他者から何気《なにげ》なく発せられた、たった一言のほめ言葉が、その人の一生を支え続けるということもあります。その意味で、言葉のもつ力は、本当に大きいということを実感します。人をほめるということは、相手に対して、ものすごく大きな力と生きるエネルギーを吹きこんでいくことなのです。

三つ目のストロークは、「心理的ストローク」と呼ばれるものです。これは、前述の身体的ストロークや、言語的ストロークを受けることによって生じる心のストロークのことです。身体的かかわりや言語的なかかわりにかぎらず、相手の話に真剣に耳を傾ける、うなずいてあげる、微笑《ほほえ》む、誕生日にプレゼントを手渡すといった行為は、相手に、心地よい心理的ストロークを与えることになります。

大切な無条件の「肯定的ストローク」

以上の三つのストロークは、いずれも、相手の存在価値を認めるかかわりであり、豊かな心を育み、人間的成長をサポートしていく上で、欠くことのできない肯定的ストロークであるといえます。

これに対して、相手をたたく、殴《なぐ》る、悪口をいう、非難する、怒鳴《どな》る、無視する、仲間はずれにするといった「否定的ストローク」は、逆に、人の成長を大きく妨《さまた》げ、心を萎縮《いしゅく》させ、不信の根を増長させることになります。人を不愉快で憂うつな気分にさせます。「否定的ストローク」は、相手の存在自体を否定します。相手の存在を認めていないということです。

ところで、肯定的ストロークの中には、「条件つきの肯定的ストローク」というものがあります。社長が部下に対して、「もっと営業成績が伸びたら、お給料をあげてあげるよ」というような場合。また、「今度の算数のテストで百点とったら、好きなものを買ってあげる」といった、お母さんの子どもに対する言葉づかいは、「条件つきの肯定的ストローク」にあたります。

たしかに、「条件つきの肯定的ストローク」は、一時的には、人をやる気にさせます。少なくとも、表面的には、いい人間関係をつくり出すことが可能です。しかし、条件つきの肯定的ストロークは、必ずしも、人を、自分の意志で行動に駆《か》り立てるということにはなりません。

人間の成長のために欠くことのできない心の栄養源とは、これまでに述べてきたように、無条件の肯定的ストロークのことを指しています。近隣《きんりん》の方々からねぎらいの言葉をかけられたり、職場の上司が微笑みながらポンと肩をたたいて励ましてくれたとき、あるいはまた、子どもたちが夫婦の結婚記念日を祝ってくれたり、資格試験に合格したことを、友人が自分のことのように喜んでくれたときなど、心も弾《はず》み、うれしさが心の底からこみあげてきますね。自分のやってきたことが認められたり、感謝されたとき、あるいはまた、自らの考えを受け入れてもらえたときなどは、生きている手応《てごた》えや、たしかな充実感が得られるものです。

私たちは、日々の生活の中で、こうした無条件の肯定的ストロークを、まわりからただ一方的に受け取ることを期待するだけでなく、周囲の人々に対して、肯定的ストロークを与えられる存在でなければなりません。肯定的ストロークを与えるということは、相手を尊重し、相手の存在を受け入れるということでもあります。

自らの心を豊かにするためのポイント――それは、まわりの人々に、自然なかたちで、無条件の肯定的ストロークを与えられる自分自身を目指すことだと思います。具体的には、相手を心からたたえる、相手に心から感謝する、そして、相手の話に真剣に耳を傾けることです。

「情けは人の為《ため》ならず」という慣用句がありますね。人に情けをかける、すなわち、ストロークを与えるということは、その人のためだけでなく、やがては必ず、自分自身に返ってくるというわけです。相手にストロークを与えることで、相手が生きる希望と喜びを実感することができれば、それは、自分自身にとっても、この上ない喜びや充足感につながっていくわけですから。

2 潤いのある生活にする三つの心得

自分を取り戻す時間を持つ

日々の生活を有意義に、またたしかな手応えのあるものにしていくために、私たちはどのような点に心をとどめていくべきでしょうか。前述の交流分析理論では、私たちの生活を、潤《うるお》いのあるものにしていくためのヒントとして、次の三つのことを教えてくれています。

その一つは、「閉鎖」ということです。ひとりっきりになる時間をつくって、気分転換をはかることです。これは、多忙《たぼう》な日々を過ごしておられる方ほど、ぜひ心がけていただきたいことです。たとえば、女性社員の場合でいいますと、職場では、仕事を正確にこなそうとするあまり、ともすれば、男性以上にストレスを溜《た》めこんでしまいがちです。そんなときには、わずかな時間でもいいですから自分を休ませなさいと、交流分析ではアドバイスをしています。

一時間でも、いや、三十分でも結構です。一人になって静かにコーヒーを味わう、一人で静かに読書を楽しむ、戸外に出て、緑豊かな自然や新鮮な空気にふれてみるのもいいでしょう。仕事からの帰宅途中、たまには、一人で映画館へ立ち寄ってみるのもいいかもしれません。交流分析では、このように、私たちが自分自身を取り戻す時間を確保することを、「閉鎖」と呼んでいます。

考えてみれば、子どもだって健康な心を維持し、育んでいくためには、ときには逃げ場が必要です。学校でおもしろくないことがあった日には、寄り道をして帰ることもあっていいでしょう。親に厳しく叱《しか》られたときには、押入れの中で、ひとり泣きすることも、ときには必要なことです。

「閉鎖」は、私たちにとって、一時的な現実逃避《とうひ》の時間です。少しの時間、自分と対決するということをやめてみることが「閉鎖」ということです。適度な時間の閉鎖や後退は、人が健康な心を維持し、生命力を回復し、次の目標へと進んでいく上で、欠くことのできないものなのです。多忙な日々であるからこそ、私たちは、自らを癒《いや》し、いたわる時間を、工夫《くふう》してつくり出したいものです。

「挨拶」は心の扉を開くカギ

さて、充実した日々を過ごすために、交流分析が教えている二つ目の点は、「儀式」ということです。この「儀式」の最も代表的なものが「挨拶《あいさつ》」です。

「挨拶」という行為は、きわめて形式的で、人間社会における一つの習慣にしか過ぎないかもしれません。しかし、近隣や学校など、人が集まり行き交《か》う場では、たとえ顔見知り程度の間柄であったとしても、互いに挨拶を交わすことで、最低限の関係やふれあいを維持することができます。

職場にあっても同じことがいえるのではないでしょうか。ある大手メーカーに勤務するNさんは、社内のロビーや廊下《ろうか》、エレベーターの入り口で人とすれ違ったときには、たとえ初対面の人であっても、「おはようございます」「こんにちは」という挨拶だけは、欠かさないように努《つと》めているそうです。大きな会社だけに、ともすれば、人間関係も希薄になりがち。だからこそNさんは、「挨拶」ということを、誰よりも人一倍、心がけておられます。

儀式としての挨拶は、たしかに最低限のふれあいであるかもしれません。しかし、それは、人と人との関係を保持し、互いの心を潤いのあるものにしていく上で、潤滑油としての役割を果たしているといえます。

たとえば、私も、皆さんと同じように、朝から何となく気分がさえず、授業をするのもおっくうになることがあります。そこには、「沈みこむ心」に支配されそうな私がいます。そんなとき、キャンパスで出会った学生から、「先生、おはようございます」と元気に声をかけられると、もうそれだけで一日のエネルギーをいっぱいもらったような気持ちになって、うれしさがこみあげてきます。

挨拶の「挨」という字には、「押し開く」、そして、「拶」には「迫る」という意味があります。つまり、挨拶には、相手の心の扉《とびら》を開く力があるのです。相手の閉《と》じた心を押し開き、心に活力を与えます。そうした意味では、さわやかな挨拶は、間違いなく、近隣の人々をはじめ、職場にあっても、同僚や上司の心の扉を押し開き、多くの人々に生きるエネルギーを吹きこんでいくことでしょう。

「雑談」は心の潤滑油

人間関係を潤いのあるものにしていく上で、交流分析の理論が強調している三つ目の点は、「雑談」というごく自然な雰囲気の中での語らいです。

友人との何気ない雑談は、悩みをかかえている人が、カウンセラーのところに相談にくる場合などとは違って、趣味の話や生活情報の交換、ちょっとしたうわさ話など、どちらかといえば、表面的なレベルのものです。私たちのなかで、雑談を生産的な時間であると考えている人は、まずもって、いないのではないでしょうか。とりわけ、仕事に追われる毎日を過ごしている方々にとっては、雑談に興《きょう》じている時間は、時間の無駄づかい以外の何物でもないかもしれません。

しかし、日々の生活において、気分転換をはかり、生活を潤いのあるものにしていく上で、雑談はなくてはならないものなのです。お昼時などの同僚同士の何気ない雑談は、職場を明るい雰囲気にしてくれます。家庭にあっても同じことがいえます。夫と妻、親子や兄弟間で自然に雑談が交わされている家庭では、やすらぎがあり、家族がほっとできる安心感があります。そうした意味で、雑談は、ストレス社会にあって、まさに、心の潤滑油であるといえます。

以上、毎日の生活を潤いのあるものにするために、「閉鎖」と「儀式」、そして「雑談」という三つの点について、ふれてみました。これらは、日々の生活を、心豊かな潤いのあるものにしていく上で、とても大切なことだと思います。いかがでしょうか。少しは、皆さんのお役に立つことができたでしょうか?

3　あなたは「タイプA」？　それとも「タイプB」？

あなたはどちらのタイプ？

本節では、私たちの日々の生活について、「タイプA」と「タイプB」という性格行動パターンをとおして、心を豊かにするためのヒントについて、皆さんと一緒に考えてみたいと思います。

これから紹介する「タイプA」や「タイプB」という性格行動パターンは、血液型のことではありません。アメリカの医学者フリードマンとローゼンマン（M. Friedman & R.H. Rosenman）は、心筋梗塞《しんきんこうそく》などの虚血性疾患《きょけつせいしっかん》を起こしやすい性格を「タイプA」と名づけました。「タイプA」とは、英語のアクティブ（Active＝活動的）やアグレッシブ（Aggressive＝攻撃的）など、「A」ではじまる言葉の意味する性格をそなえている人のことをいいます。

皆さんは、以下の項目のうち、いくつが今の自分にあてはまるでしょうか？

（一）常に時間に追われている
（二）負けず嫌《ぎら》いである
（三）生活の中心は、あくまでも仕事（家事）である
（四）せかせかと動き、歩き、食べる
（五）待たされるとイライラする
（六）他人と競争する傾向が強い
（七）数日間、何もしないでいると罪悪感を感じる
（八）同時に、二つ以上のことを実行しようと焦《あせ》る
（九）できるだけ短い時間に、たくさんの予定を入れる
（十）自分や他人の活動を、数字に換算して評価することが多い

以上の十項目のうち、七つ以上、今の自分にあてはまるとしたら、少し注意を要するかもしれません。つまり、「タイプA」の兆候《ちょうこう》がみられる方々かもしれません。

「タイプA」の人とは

タイプAの人の基本的な特徴としては、第一に、時間に対する切迫感が強いことです。タイプAの人は、「性急病」ともいわれ、毎日が時間に追われ、時間と永遠に格闘し続けます。自分に、たくさんの締め切りを課すのです。人生を締め切りでいっぱいにして、人生の楽しみを締め出している行動パターンの人です。

第二に、成功への欲求が強いことです。短い時間内に、可能なかぎりたくさんの業績をあげようとするところにタイプAの人の特徴があります。地位の昇進や成功に、心の安心感を強く求める傾向にあります。第三に、自己主張が強いことがあげられます。攻撃的な性格が強く、常に、他人と競争したり、挑戦したりする傾向にあります。

そして、第四に、数を追求します。世の中のあらゆる活動の成果を数だけで表そうとします。業績の数にこだわるところにタイプAの特徴があります。

こうしたタイプAの人は、せっかちで、できるだけ短時間でたくさんのことをやろうとしますから、イライラが募《つの》りやすく、心臓にも悪影響を及ぼし、心臓病にかかりやすいとされています。

このようなタイプAを生み出す社会的背景としては、第一に、精神的なもの以上に、社会的な地位や名誉を優先しようとする価値観をあげることができます。第二に、できるだけ速く、かつ正確にという現代人のスピードに心酔《しんすい》する傾向を指摘することができます。そして、第三に、社会全体に蔓延《まんえん》している競争原理をあげることができると思います。

「タイプB」の人とは

タイプAのような現代人がしばしば陥《おちい》りやすい行動パターンに対して、タイプBの行動パターンの人は、それとは逆に、①競争的でない、②癇癪《かんしゃく》を起こしたり、苛立《いらだ》ちを感じることが少ない、③時間に追いかけられるようなことはしない、④社会的な認知や称賛を求めるより、自己の生き方を大切にしようとする、⑤自らの業績や功績を顕示《けんじ》したりしないタイプの人のことをいいます。タイプBの人の多くは、趣味を楽しみ、ボランティア活動などにもすすんで参加しています。

タイプAのせっかちな生き方をしている人は、常に、時間に追われている生活をしていますから、たとえていうならば、朝、車を運転して出勤する際にも、片手に電気かみそりを持ち、もう片手にはアンパンを持ちながら、ハンドル操作をするような行動傾向にある人です。これに対して、タイプBの人は、出勤の際でも、時間的に余裕をもって出かけ、ゆったりとハンドルを握って運転します。

タイプAの人は、旅行をするときなども、たとえば、東京から大阪へ向かおうとするときに、新幹線だけを利用して、いかに目的地に早く着くかということだけを考えて、旅行の計画を立てたりします。これに対して、タイプBの生き方をしている人は、旅行中にも、在来線や各駅停車を利用することで、車窓から見える外の景色を味わいながら、ゆったりとした時間を過ごすことができます。人生を楽しむという価値観をしっかりとたずさえています。

こうしたタイプBに象徴される人生を楽しもうとする考え方、日々の生活を味わおうとする姿勢もまた、楽観主義的な生き方に通じるものがあります。

「ゆとり」と「味わい」のある人生を

もとより、私たち現代人が、社会で生きていくためには、挑戦的意欲やスピードもときには必要です。また、仕事に勝つことが大事であることはいうまでもありません。ただ、そうした勝ち負けや成果にあまりにもこだわりすぎると、自らの心身のバランスを崩《くず》してしまう危険性があるので注意する必要があります。

どちらかといえば、自分は、「タイプA」にあてはまるという方は、ときには、「多層思考」といって、同時に二つ以上のことをこなそうとしている自分に、歯止めをかけることも大切です。たとえば、朝出かけに、ご飯を口にほおばりながら、携帯電話をかけ、背広を着るような生活をちょっぴりあらためてみる。

また、人生の途上で、たとえ特急の指定券が手に入らなかったとしても、あるいは予定していた特急に乗り遅れたとしても、各駅停車に乗れば、そこで新たな価値ある出会いやふれあいを体験したり、人のやさしさや温かさを実感できるかもしれないと考えてみる。ときには、そんな心のゆとりをもつことが、心を豊かにしていく上で、大切なポイントの一つだと思います。

私たち現代人は、ともすれば、日々、時間や数字に追われがちなだけに、ときには、自身を振り返る「間《ま》」や、周囲の人々に対する感謝の気持ちを忘れずに、ゆとりと味わいのある生活を送りたいものです。

4　大切な心の「リセットボタン」

心の「リセットボタン」とタイム

本章2では、毎日の生活を潤いのあるものにしていく上で、多忙であればあるほど、「閉鎖」の時間を確保することが大切であると述べました。

「閉鎖」とは、日々の忙《いそが》しさから解放され、一人になったり、自分だけの時間を確保することです。自分だけの時間を工夫してつくることにより、私たちは、本来の自分らしさや生きるエネルギーを、回復していくことができるのです。いわゆる生活の中の気分転換が、交流分析理論でいう「閉鎖」の時間であるといってよいでしょう。前節で取り上げた「タイプA」に相当するせっかちな行動傾向にある人は、こうした「閉鎖」の時間をうまく確保していくことが何よりも求められます。

「閉鎖」の時間は、表現を変えれば、仕事や家事に追われ、自分を見失いがちな生活を、リセットする時間をもつことであるといえます。それは、スポーツの試合にたとえるならば、試合の途中で、「タイム」の時間を設《もう》けることであるといえるでしょう。心の「休憩《きゅうけい》時間」をつくり出すことです。

子どもたちの学校生活を例にとってみても、学習の効率を高めていく上で、授業と授業の合間に、休憩時間を欠かすことができないように、私たちの生活においても、心の「休憩タイム」が必要です。

心の「リセットボタン」を持つということは、ともすれば、単調になりがちな生活に新鮮味を与え、変化をうながし、生活にハリを与えていく上で、とても大切なことであると考えられます。心の中に描かれたさまざまな情報や画像を、ともかく、いったん、白紙に戻してみるのです。

かつて、産経新聞の「朝の詩」に、「定休日」という題の、次のような詩が掲載されたことがあります。

「定休日」

京都　中村きさ子

ええやん　ええやん
そないに　がんばりすぎんでも
ええやん　ええやん
たまには　心も　カゼひくわいな
ええやん　ええやん
コンビニや　ないねんから
定休日だって　だいじやで

この詩の作者は、お店にも、必ず定休日があるように、心にも定休日が必要であるとして、多忙な現代人に警鐘を鳴らしています。「心の風邪」を防いでいくためには、適度な定休日を設けることが大切なのです。

真面目な性格の人ほど、心身ともに疲労感が高まっている場合でも、ここで休んでしまえば、事態がさらに悪化するのではないかという不安や思いに支配されがちです。しかし、そのようなときでも、あまり不安がらずに、思い切って自分を休ませる時間を確保し、元の状態に、自らを戻してみる勇気をもってみてはいかがでしょう。心の「リセットボタン」を押すということは、そういうことをいうのです。

山あり、谷あり、急な坂道も経験するのが人生です。悪天候に遭遇《そうぐう》して、大雨に身をさらされることもあるのが人生ですから、そのようなときには、近くの家の軒下《のきした》を借りて、からだや心を休ませることで、気長に、天候の回復を待つことです。

なかなか自分の思いどおりに事がすすまないということもあるでしょう。いくら、努力をしても、努力が報《むく》われず、事態が悪い方向へと回転し始めるということを、私たちはよく経験します。そのようなときほど、私たちは、焦《あせ》りの感情だけが大きくなり、マイナス思考も強くなりがちです。

そのようなときには、「タイム」をとることで、疲れた心のリセットをしてみてはいかがでしょう。よくいわれることですが、バレーボールの試合でも、チームの形勢が不利な状態で試合が進んでいるときに、監督がタイムをとることで、チーム全体が息を吹き返し、その後のゲームの流れが大きく変わってくることがあります。チームのメンバー一人ひとりの心が、わずかな時間であっても、タイムをとることで、うまくリセットされたことが、良い結果につながると考えられます。

心の「リセットボタン」を押す勇気をもつ

私たちの生活の場合にも、同じことがいえるのではないでしょうか。心の「リセットボタン」を押すということは、①心を白紙の状態にする、②心を休ませる、③心をリフレッシュさせる、ということです。それは、「タイム」の時間を、思い切ってとることであるといっていいでしょう。

具体的には、いろいろなリセットの仕方が考えられます。ただひたすらに寝ることで、本来の自分を取り戻す人もいるでしょう。趣味のクラリネットを演奏したり、写真撮影を楽しむ、あるいは散歩をしたり、テニスに汗を流すことで、心をリセットする人もいるでしょう。回転寿司ばかりではなく、たまには、ちょっぴりすてきなお店でご馳走《ちそう》を食べたり、買い物を楽しんでみるのもいいかもしれません。だからといって、タイムをとり続けてばかりでも、ちょっと困ります。

心をリセットする上で大切なことは、一つにはタイミングです。バレーボールの試合のタイムがそうであるように、どこでリセットをするかなのです。真面目な性格の人の場合には、もともと、タイムをうまくとることが苦手《にがて》ですから、家事や仕事を中途半端なかたちで終えたままでタイムをとると、かえってストレスを溜《た》めこんでしまうという場合があります。ですから、そのような真面目な人の場合には、仕事が一区切りしたところでリセットする習慣をつけるなど、それぞれの人にあった休みのとり方が重要です。

そして、心をリセットする上で、もう一つ大切なことは、思い切りです。リセットやタイムの時間をとる思い切りの良さが、大切だと思います。パソコンのリセットボタンを押すときでも不安があるように、心をリセットするときも、多忙な仕事に従事している人ほど、躊躇《ちゅうちょ》したり、迷《まよ》いが生じがちです。しかし、からだや心が休息を求めているとき、疲れたなと感じたときには、思い切ってタイムをとってみる勇気があってもいいのではないでしょうか。休憩《きゅうけい》をとるのも勇気――忙しい毎日を過ごしておられる方ほど、ぜひ、この言葉を忘れないでいただきたいと思います。

「人生はポンプのようなものである。休む『間』があるから、エネルギーがあふれ続けるのだ」と述べたのは、作家の中谷彰宏氏ですが、まさに至言《しげん》であると思います。水を汲《く》み上げるポンプは、ポンプの柄《え》を下におろしたときに、水は勢いよく放出されます。しかし、再び、ポンプから水を汲み出すためには、おろされたポンプの柄を、いったん、上に戻さねばなりません。つまり、元の状態にリセットする時間が必要なのです。

生活に潤いを与え、心の健康を回復していくためには、ただひたすらに走ってきた人生のメインストリートから、少しはずれて、横道に逸《そ》れたり、寄り道をしてみるということもあっていいのではないでしょうか。表通りしか歩いて来なかった人が、たまには、ちょっと裏通りを歩いてみる。そうすると、裏通りには、すてきなお店や家並み、美しい草花を発見できたりするものです。心のリセットボタンを押すということは、ちょっとした生活の変化を体験する中で、心のゆとりの大切さを味わう営みでもあるのです。

スイスの哲学者ヒルティは、「仕事の上手《じょうず》な仕方は、あらゆる技術の中でも、最も大切な技術である。本当の休息は、ただ活動のさなかにのみある」と述べていますが、上手な仕事のやり方を、自分なりに工夫をして、つくり出していきたいものです。

5　相手の心をつかむ効果的な言葉

相手の話を「傾聴」する

人との対話の基本は、まず、相手が発する言葉をしっかりと受けとめるということです。相手の目を見て、相手の話にしっかりと「耳」を傾けることです。たとえば、カウンセリング（counseling）という言葉には、元来、「共に考える」（considering together）という意味があります。つまり、相手と同じ立場で、同じ共通の地平に立って、共感の心で、相手の言葉に耳を傾けていくことが、カウンセリングの基本なのです。カウンセリングに象徴されるように、相手の話に真剣に耳を傾ける、聞き入るという行為は、相手に対して、共感的理解を示していく上で、最も大切な作業であるといえます。

「そうだよね」「なるほど」「そうなの」「それはおもしろいね」「そのとおりだよね」というように、相手の話に対して、しっかりとうなずいてあげる、相槌《あいづち》をうつということが、相手の話を傾聴《けいちょう》するということなのです。

相手の話にうなずくということは、心理学でいうオペラント条件づけを成立させる過程でもあります。たとえば、私が大勢《おおぜい》の皆さんの前で、「楽観主義的な生き方」をテーマにして、話をさせていただいたとしましょう。そのとき、皆さんが、全員、大きく首をタテにふり、うなずきながら、一生懸命に私の話を聴《き》いてくださったとしたら、私は、ますますいい気分になって、話し続けるにちがいありません。

「傾聴」の「聴」という字は、「耳へん」に「十四の心」と書きます。傾聴するということは、十四の心を集中させて相手の話に聞き入るということ、つまり、全神経を使って、真剣に相手の言葉に耳を傾けるという意味でもあるのです。真剣に相手の話に聞き入ることで、相手は信頼を寄せ、心の扉を開いていくのです。

相手を心から「たたえる」

人をたたえるという行為は、人間関係を円滑《えんかつ》なものにしていく上で不可欠です。「立派なお住まいですね」「すてきなお洋服ですね。よくお似合いです」「本当にお若く見えます」「お店が繁盛《はんじょう》しておられるようで、うらやましいかぎりです」というように、相手を前にして、相手の長所を見つけ、たたえるということは、人間関係づくりの基本です。だって、自分のことをほめられて気分を害する人など誰もいないわけですから。ほめるということは、相手のプライドを尊重するということです。

相手をたたえるということに関連して、人の心をつかむ上で大切なことは、「あなた」や「君」という二人称で語りかけるのではなく、「石田さんの意見には賛成です」「菊池さんのご活躍のご様子は、よく存じあげております」というように、相手の個人名で語りかけるということも、ぜひ心がけていただきたいことの一つです。

また、誕生日や結婚記念日など、その人にとって忘れることのできないメモリアルデーに、真心からのプレゼントをすることも、相手の心をつかむ大切なポイントの一つであるといえるでしょう。

「感謝」と「喜び」の気持ちを伝える

私たちの日々のコミュニケーションを効果的なものにしていく上で、アメリカの心理学者、ギノット（Ginott, H.G.）の考え方は、大変、参考になります。ニューヨーク大学で教鞭《きょうべん》をとり、心理療法の専門家でもあったギノットは、とりわけ、教師生徒関係や親子関係を考える上で、優れたコミュニケーション理論を展開していますが、彼の理論は、一般的な人間関係のあり方を考える上においても、大いに参考になります。

すでに、述べてきたように、人を「たたえる」ということは、私たちの円滑な人間関係を維持していく上において、また相手のやる気や意欲を育《はぐく》んでいく上で、きわめて効果が大きいといえます。

ただ、ギノットは、元来、相手をたたえるという行為は、ときに、評価をともないがちであるので、注意をする必要があると述べています。つまり、「あなたはえらい」「君の行動はすばらしい」「T君はかしこい」といったほめ言葉には、相手に対する評価が含まれています。ほめ手は、ときに、鑑定人《かんていにん》としての立場で、相手と向き合っているということを、自覚してかかる必要があります。

評価をともなったほめ言葉に対して、より創造的で、生産的なほめ言葉とは、「感謝の気持ち」や喜びを表した言葉であるとギノットはいいます。感謝の気持ちや喜びを表現した言葉は、相手の立場を尊重した質的に最も高い称賛です。

たとえば、お母さんが小学生の娘さんに対してかける
「洗い物をしてくれて助かったわ。ありがとう」

「マサ子は、友だちに対して、いつも親切だから、お母さん、とてもうれしいわ」

といった言葉――。

また、ＯＬのＫさんが、同僚のＨさんに対してかける
「Ｈさんが仕事を手伝ってくれるので、本当にうれしい」

「いつも助けてくれてありがとう。Ｈさんには、心から感謝しているわ」

というような言葉かけ――。

こうした「ありがとう」「うれしい」という喜びや感謝の気持ちがこめられた生き生きとした言葉は、言葉をかけた人の心を弾《はず》ませ、相手の心を動かし、自己評価を高めることになります。受け手は、生きる喜びを実感することができます。感謝の思いや喜びをともなった言葉は、互いの絆《きずな》をより一層深めていくことになります。

皆さんも、ぜひ、「ありがとう」「うれしい」という言葉かけを意識しておこなってみてはいかがでしょうか。感謝や喜びを伝える言葉は、人間として、相手の人格を最大限に尊

重した優れたコミュニケーションスキルであり、最も価値ある自己表現の方法であると思います。

相手の心をつかむ話し方

ところで、小林充氏は、相手の心をつかんではなさない話し方として、「間接的ストローク話法」が効果的であることに言及しています。ストロークとは、すでに、本章1で述べてきたように、ふれあいや心の栄養源を意味する言葉です。

「間接的ストローク話法」には、大きく二つあります。一つ目の話法は、直接、本人を目の前にして、本人のことをたたえるのですが、この話法の特徴は、他人があなたのことをほめていたというかたちで、相手を称賛するというものです。

たとえば、担任の先生との個人懇談会を終えて、学校から帰ってきたお母さんが、わが子に向かって、「きょうね、懇談会でね、担任のE先生が、たけしのことをとてもほめてくださったわよ」と言ったとしましょう。この場合、実は、たけし君のことを、担任の先生とお母さんの両方が、二重にほめているということになります。

朝、学校に行く準備をしている娘のとし子さんに対して、お母さんが、「きのうの夜、お父さんが、とし子の成長をとても喜んでくれていたわよ」と言葉をかけたとします。この場合もまた、お父さんとお母さんの双方が、とし子さんのことをたたえていることになります。つまり、娘のとし子さんは、父と母の両方から、二重のストロークを得たことになるのです。

そして、二つ目の効果的な「間接的ストローク話法」は、本人に直接語りかけるのではなく、他人を介してほめるという手法です。

たとえば、姑《しゅうとめ》が、ご近所の人の前で、「うちの嫁《よめ》は、本当によく年寄りの面倒をみてくれる」といったとしましょう。この場合、姑は、お嫁さん本人を、直接、たたえているわけではないのですが、他人を介した感謝の言葉は、やがては、ご近所の人の口から、「この前、お姑さんがあなたのことをとてもほめていたわよ」というように、お嫁さんに伝わっていくものです。

こうした他人を介した言葉かけもまた、相手の心をつかんではなさない効果的な話し方の一つであるということを、知っておきたいものです。

6　自分を知る！　自分に気づく！

人間関係の理論――「交流分析」

すでに、何度か紹介をしてきましたように、臨床心理学という領域の中に、交流分析（Transactional Analysis）という理論があります。頭文字をとって、ＴＡ理論とも呼ばれています。交流分析は、心理学史の中では老舗《しにせ》に相当するフロイトの精神分析理論の影響を受けて誕生しました。

交流分析の理論は、カナダ生まれのアメリカ人であるバーン（E. Berne）によって提唱されました。交流（Transaction）という言葉は、元来、商業用語で、「処理」や「取り引き」、「やりとり」という意味があります。転じて、交流分析理論では、Transaction という言葉に、「交流」という訳語をあてることで、広く心理学用語として普及するようになりました。「交流」という言葉は、「人間関係」という意味で使用しています。

かつてのフロイトの精神分析理論が、どちらかといえば、神経症に代表されるような

「心の症状」から人間を理解しようとする、いわば消極的な人間観であるのに対して、交流分析の理論は、マズロー理論と同様に、肯定的な人間観に支えられています。精神分析理論やアメリカの行動主義という従来の理論に対して、ヒューマニズムに立脚した、新しい人間観に裏打ちされた理論であるがゆえに、「第三勢力の心理学」（third force psychology）の一つに数えられています。

自分への「気づき」を深める

交流分析理論では、豊かな人間関係を築いていくための大切なヒントを教えてくれています。日々の生活の中で、豊かな人間関係を築いていくためのポイント。その一つは、自己への「気づき」を深めることであると交流分析は指摘しています。

あらゆる情報が、インターネットを通じて瞬時に得られる時代の中で、現代人は、豊富な知識を容易に手に入れることができるようになりました。私たちは、何でも知っているといっても過言ではありません。

しかし、こうした情報化社会の中にあって、唯一、現代人が知らないもの——。それは、ほかならぬ自分自身という存在です。私自身も含めて、「自分を知る」「自己への気づきを深める」ということは、他人を理解すること以上に、はるかに困難な作業であるといえます。

自分という最も身近な存在は、たとえていうならば、睫毛《まつげ》のようなものです。仏典に、「睫毛の近きと虚空《こくう》の遠きとは、見候事なし」という言葉があります。虚空とは、大宇宙のことです。宇宙は、人間にとって最も遠くかけ離れた存在です。ですから、その全貌《ぜんぼう》を人間の目で見ることなど、到底、不可能であるといえます。

これに対して、睫毛は、人間の目に一番近いところにあります。でも、私たちの目に最も近いところにあるはずの睫毛を自分の目で見るということは、宇宙の全容を見ることができないのと同じように、不可能なことなのです。仏教では、自分という存在を、睫毛にたとえています。それでは、睫毛の存在を自らの目で確かめ、そのかたちを知るためには、どうすればよいでしょうか。もうおわかりですね。そうです。鏡に向かって見ることです。

大切な「心の鏡」

睫毛の存在やかたちを知るために鏡が必要であるように、自己への気づきを深めていくためには、私は、常々、「心の鏡」が必要だと考えています。ちょうど、「姿見《すがたみ》」が私たちの姿を映《うつ》し出してくれるように、自身の心を点検していくためには、「心の鏡」が必要です。

「心の鏡」は、私たちの身のまわりにたくさんあります。たとえば、カウンセリングを受けて、自己への気づきを深めることができたという人にとっては、カウンセリングが「心の鏡」であるといえます。また、文学作品に登場する主人公の生き方や、旅先での大自然とのふれあいをとおして自身を振り返ることができた人にとっては、主人公や自然が、「心の鏡」に相当すると考えられます。最も身近なところでは、真剣に働いているわが子の姿をとおして、親自身が反省を迫られたとすれば、その場合には、子どもという存在が、「心の鏡」としての役割を果たしたことになります。

振り返ってみますと、『大鏡』や『増鏡』に象徴されるように、日本の歴史物語には、「鏡」という字があてがわれているものが幾つか見受けられます。そこでは、おそらく、歴史という「鏡」をとおして、人間を知り、自分を知るということの大切さが強調されているのだと思います。周囲の人々の生き方をとおして、自分の欠点を見つめ、たえず、自分自身と向き合おうとする、人間としての謙虚《けんきょ》さを失わないことが、「心の鏡」をもっということではないでしょうか。

私の場合でいいますと、「心の鏡」に相当するのは、仕事柄、やはり、学生という存在であると思います。全国の大学では、数年前から、大学や教員の自己点検のための一つの方法として、セメスター（学期）の最後の授業で、「授業アンケート」を実施しています。私の大学で実施されるアンケートの項目の中には、授業で改善してほしい点、教師にあらためてほしい点について、自由記述で学生に回答を求める欄《らん》があります。

授業アンケートに記された学生の生《なま》の声は、授業を質の高いものにしていく上で、大いに参考になります。今、ここで、日ごろ、学生が、私の授業に関して、どのような改善を要求しているのか、具体例を幾つかあげてみましょう。

〈授業で、先生にあらためてほしいところ〉

①黒板を消すのが早い、②黒板の字が汚《きたな》くて読めない。略さずに書いてほしい。③時間

どおりに始めてほしい。④前回の授業の復習が長すぎる。⑤ときどき、何の話をしているかわからないときがあったので、授業のはじめにテーマやネライをいってくれるとうれしい。⑥ノートをまとめるとき、まとめづらい。話が飛びすぎ。⑦実践的なことをもう少し話してほしい。⑧先生の話し方がゆっくりで、子守唄《こもりうた》のように聞こえてつらかった。⑨先生の口調が、どうしても眠りを誘《さそ》うときがあります。どうにかなりませんか？ ⑩もっと先生が速く話してくれてもいいと思う。少し、全体の進行が遅い。⑪授業中、先生の携帯電話が鳴ったのには驚きました。マナーモードにしてほしいです。⑫先生が遅刻しないでほしい。⑬少し、先生の目つきがいやです。⑭授業中、生徒に発言させるのはいいと思うけど、プライベートなところまで、突っ込みすぎるのはよくない。⑮もう少し、受講者の数が少ないと良かったです等々……。

いやはや、これだけ悪口をいわれて、精神的健康を維持していくのも大変です。いや、学生の皆さん、失礼しました。悪口ではなく、これらの指摘を「心の鏡」として受けとめていくことが大事なのです。もちろん、学生諸君は、私の授業の良いところもたくさん書いてくれてはいますが、それは、ここでは割愛《かつあい》することにしましょう。

第1章2で紹介したアメリカの心理学者カールソンは、「身近な人こそ、教えてくれる」と述べています。つまり、両親や子ども、夫や妻、友人といった身近な人こそ、私たちに多くの大切なことを教えてくれるというのです。カールソンのいう「身近な人」とは、まさに、私たちにとって「心の鏡」であるといえます。

身近な人の考えや指摘に、心を開いて耳を傾けようと努《つと》めること。そのことが、人間を向上させ、人生を充実させることにつながっていくのです。

自分を変える、自分が変わる

さて、豊かな人間関係をつくりあげるためのポイントとして、交流分析理論がもう一つ強調している点は、「自律的な生き方をする」ということです。ここでいう「自律」とは、自らの欲求だけに支配された生き方を廃《はい》して、自分の感情や行動については、自分で責任をもつということを意味しています。日々の生活に即して考えてみますと、さまざまな人間関係の中で、トラブルや問題が発生したときに、それを他人や環境のせいにしないという生き方が、「自律的な生き方をする」ということになります。

交流分析理論では、「過去と他人は変えられない」と考えます。私たちは皆、過去をたずさえて生きています。三歳のときの自分、七歳のときの小学生の頃の自分というように、私たちには過去があります。しかし、過去は、もう一度やり直したいと思っても、二度とそこに立ち返ることはできません。どんなにたくさんのお金を出したところで、私たちは、過去を取り戻すことはできないのです。

交流分析では、私たちの過去を変えられないのと同じように、他人の考え方も、容易に変えることはできないと考えます。他人の考えは変えられないとすれば、人間関係においても、さまざまな問題が発生しても、その原因を他人に向けているだけでは、解決の糸口を見つけ出すことはできません。息子が、お父さんに対して、「こうなったのは、すべてお父さんの責任だ」といったり、部長が、「あの人の軽率《けいそつ》な行動のために、会社の業績が落ちこんでしまった」と発言することで、物事の原因を他人のせいにしているようでは、一向に、問題は改善しないというわけです。

「他人の生き方や考え方は、そうたやすくは変えられない」となると、どうでしょうか。人間関係におけるさまざまな問題を解決する上で、残された選択肢《せんたくし》は、たった一つです。

そうです。「自分を変える」ということです。

どういう筋書きであったかは忘れましたが、数年前、ある自動車メーカーのテレビコマーシャルで、一人のタレントが、もう一人の人に向かって、次のように語りかけていた言葉が、とても印象的で、今でも、私の脳裏《のうり》に強く焼きついています。

それは、「あんたが変わんなければ、何にも変わんないよ」という一言《ひとこと》です。こうしたコマーシャルのせりふが示唆《しさ》しているように、「自律的な生き方をする」とは、要するに、「自分を変える」ということにほかならないのです。

以上、交流分析の考え方をふまえて、豊かな人間関係づくりのポイントについて考えてみました。①「自己への気づきを深める」、そして、②「自分が変わろうと努力する」こと、この二つが可能になったときに、真実の親交の回復、すなわち、信頼感に裏打ちされた人間関係を築きあげていくことができるのです。一見、当たり前で、簡単なことのように見える振る舞いや行動の中に、真の人間関係づくりのポイントがあるように思います。

7　自らの長所を見つめて

心理学における「図」と「地」

心理学の理論の一つに、「ゲシュタルト心理学（gestalt psychology）」という考え方があります。二十世紀初頭に、ドイツで、ヴェルトハイマー（Wertheimer, M.）らによって提唱された考え方です。

ゲシュタルトという言葉は、聞きなれない言葉ですが、この言葉には、「形態」や「かたち」という意味があります。つまり、「かたち」には、まとまりがあるように、私たちの「物を見る働き（知覚作用）」や「心の働き（心的作用）」には、元来、まとまろうとする性質があるということを、私たちに教えてくれています。

ゲシュタルト心理学では、たとえば、知覚作用を例にとってみた場合、浮き彫りになっている部分、自分の意識が向いている部分のことを「図」（figure）と呼んでいます。言い換えれば、自分の注意が向いている部分、焦点《しょうてん》が当たっている部分が「図」です。「図」

図３　これは何に見えますか？

は、その人にとって関心のある部分であるといえます。

これに対して、背後に退いている部分、自分自身が意識していない部分、自身の注意が向いていない部分のことを「地」（ground）と呼んでいます。焦点部が「図」であるのに対して、「地」は周辺部であるといっていいでしょう。

図3を見てください。皆さんは、この絵が何に見えるでしょうか？　白く塗りつぶされた部分に注意が向けられ、そこだけが「図」として、浮き彫りになっているうちは、何が描かれているのか、よくわかりませんね。強いこだわりがあったり、自分の考えを容易に曲げようとしない性格の人のことを頑固《がんこ》者といいますが、頑固な性格の人ほど、白っぽいところだけを意識して、そこだけにしか注意が向けられないものです。

それでは、頑固な性格の人も、頭をやわらかくして、「図」の黒い部分に、ちょっと目を向けてみてください。そうです。黒いところに注意を向けるのです。つまり、黒い部分を「図」にして、白い部分を「地」として背後に退けるのです。どうですか？　黒いところを「図」にするという作業は、はじめてこの図を目にする人にとっては、容易なことではないかもしれませんが……。

しなやかで柔軟性のある方は、もうおわかりですね。そうです。黒いところに、「LIFE」という四文字が浮かび上がってきたはずです。どうです？　これだけいえば、頑固な性格の持ち主の方もわかったでしょう？　いかがですか。ええっ？　これだけいっても、まだ、わからないですって？

白く塗った箇所だけに目を奪われ、そこだけを「図」として意識し、黒い部分を「地」として後退させているうちは、何が描かれているのか、さっぱりわかりませんね。つまり、前に述べたように、物の見え（知覚）には、物を「まとまりのあるかたち（形態）」として見ようとする「まとまろうとする性質」があるにもかかわらず、白い部分を「図」にしているうちは、「まとまりのあるかたち」としてまとまりきらないために、何がなんだかよくわからず、不安定になるというわけです。

この絵の場合、黒いところを「図」として意識し、注意を向けることで、はじめて「L

ＩＦＥ」という文字が浮かびあがり、知覚がまとまりをもったのです。図3のように、「図」と「地」が交互に入れ替わるような図形のことを、「図地反転図形」と呼んでいます。ゲシュタルト心理学では、「図」がつくられやすい条件として、①左右対称であること、②狭《せま》く小さい領域であること、③取り囲《かこ》まれていることなどをあげています。

それでは、今ここで、②の「狭く小さい領域」は「図」になりやすいということを、一つの例をとおして考えてみましょう。

図4を見てください。皆さんは、今、暑い夏の盛《さか》りに、ひとしきり運動をし、汗をかいたあとで、のどが渇《かわ》いているとしましょう。ちょうど、目の前に、冷えた美味《おい》しそうな水が出されました。コップに手をやり、飲もうとしたときのことです。コップの中をよく見ると、なんと小さな虫が浮いているではありませんか？　さて、あなたなら、この水を飲みますか？　さあ、いかがでしょう。ごく普通の人であれば、コップの中の小さな虫が気になり、水を飲むことをためらうはずです。

図４　コップの中の水と虫

もうおわかりですね。そうです。コップの中に浮いている虫が気になって、私たちが水を飲むことを躊躇《ちゅうちょ》するように、ここでいう小さい虫に相当する存在、つまり、「狭く小さな領域」は、「図」として、私たちの知覚の中でまとまりをつくりやすいのです。それに対して、この場合、コップの中のほとんどは、冷《つめ》たくて美味しい水であるにもかかわらず、それは、「地」として背後に退いてしまうというわけです。

欠点は「図」になりやすい

ここにあげたコップの例は、私たちに何を語りかけているのでしょうか？　私たちは、いつも、多くの人々に囲まれて生きています。日々、たくさんの人々の中に自分がいるといっていいでしょう。

たとえば、クラスのみんなと勉強をしている中学生の自分、部活動をしている大学生としての自分、デパートの化粧室で鏡に向かっている自分、会社で仕事をしている社員としての自分、家族の中の母親としての自分、遊びに興《きょう》じている友だちの中にいる自分、大勢の人の前で話をしている自分というように、そこには、たくさんの人々に囲まれている自分というものが存在します。

そうした大勢の人々の中で生活をするということは、知らず知らずのうちに、他人と自分とを比較して生きているということでもあるのです。暗黙《あんもく》のうちに、他人と自分とを比べるということは、ともすれば、自分の欠点を浮き彫りにしやすい状況を生み出しがちです。つまり、自身の短所が「図」として、意識されやすいといえます。

自分はまわりの友だちに比べて成績が悪い、仕事の能力の面で見劣りがする、よその母親とくらべて子どもに十分なことができていない、友だちと心から遊びを楽しめない自分がいる、顔のしみやそばかすが気になる、人前で話をしようとしたときに緊張して顔が赤くなり話せなかったというように、往々にして、自分の欠点や劣等感が「図」になりやすいものです。

しかし、そのような場合、先ほどの水の中に浮かんでいる虫ではありませんが、自身の短所は、浮いている虫のように、「ほんのわずかな部分」であることが多いのです。でも、狭く小さい領域が「図」になりやすいように、人は、自分自身のわずかな欠点が気になり出すと、意識はそこだけに集中してしまい、そこから目がはなれなくなるのです。

自分の短所に意識が向いているうちは、自身の長所には、注意が向かないものです。学校での成績がふるわないことや仕事で失敗したことで頭がいっぱいになったり、自分の引っこみ思案《じあん》な性格が気になり出したり、母親としての役割が果たせなかったことに責任を感じて落ちこんでいるときは、自らの長所やよさが「地」として後退してしまっています。

自身の「長所」を見つめて

繰《く》り返し述べますが、私たちが悩みや不安、心配ごとにさらされているときは、どうしても、自分自身の欠点が「図」になりがちです。つまり、ほんのわずかな欠点が気になって、頭からはなれなくなるのです。

そのようなときには、本当は、長所を「図」として前に押し出し、短所を「地」として、背後においやるという反転作業が、心の中で可能になればいいわけです。ゲシュタルト心理学の理論に立脚して誕生したゲシュタルト療法は、今日、注目されている心理療法の一つになっています。ゲシュタルト療法では、このような「図」として浮き彫りになっている短所を「地」として後退させ、これまで「地」として背後に退いていた長所を「図」として浮き彫りにしていく反転作業が、治療ということに相当するといえます。そのために、さまざまな技法が用いられています。

ゲシュタルト心理学の考え方は、ともすれば、わずかな欠点だけに目がいきがちな自分をあらため、たくさんある長所に目を向けていくことの大切さを私たちに教えてくれているように思います。

数学が苦手《にがて》なあなたにも、他の教科やスポーツ、あるいは楽器の演奏が得意なもう一人のあなたがいるはずです。たとえ、仕事に失敗しても、部下の面倒見がいい人望のある人間的な魅力にあふれたもう一人のあなたがいるはずです。母親としての役割が果たせなかったことで落ちこんでいるあなたにも、キャリアウーマンとしての優れたもう一人のあなたが存在するかもしれません。顔のしみが気になるあなたにも、笑顔のすてきなもう一人のあなたがおられるのではないでしょうか。人前で顔が赤くなって話のできないあなたにも、正直で嘘《うそ》をつけない謹厳実直《きんげんじっちょく》な性格のもう一人の尊敬できるあなたが、きっといるのではないでしょうか。

ゲシュタルト心理学では、ともすれば、ちょっとしたことで気分が沈みこんだり、心の暗闇《くらやみ》に入りこんでしまいがちな私たちに、もっと自分自身の良さや持ち味に気づきを深めることの大切さを教えてくれています。そのことは、言い換えれば、第4章4でもふれているように、「I am OK.」という肯定的な自己イメージをつくりあげていくことでもあるのです。

第3章

「ストレス社会」をどう生きるか

1　ストレス社会を生きる

ストレス社会と「シンドローム」

現代社会はストレス社会――。そういっても決していい過ぎではないほど、現代は、ストレスに満ちあふれているといえます。最近では、こうしたストレスからくるさまざまな心の症状は、「シンドローム（症候群《しょうこうぐん》）」という言葉で呼ばれています。それでは、この「シンドローム」と呼ばれている症状には、どのようなものがあるのでしょうか？　ここで、その代表的なものを、幾《いく》つか紹介してみましょう。

まず、サラリーマンの方々が、しばしば経験するものの一つに、「朝刊シンドローム」と呼ばれる現象があります。会社勤めをしているお父さんが、朝、目を覚《さ》まして、顔を洗い、トイレをすませて食卓につき、朝刊に目をとおす。しかし、出社時間が近づいてくるにつれて、徐々に気が滅入《めい》ってくるという状態のことを、このように呼んでいます。朝刊に目をとおしているときに、出社後のことが頭をよぎると、それだけで、気が滅入ってきて、ストレスが増し、出勤するのが億劫《おっくう》になってくるというわけです。

この「朝刊シンドローム」とよく似た症状に、「ちびまる子ちゃんシンドローム」とか「サザエさんシンドローム」と呼ばれている症状があります。漫画のちびまる子ちゃんやサザエさんの番組は、日曜日の午後六時から七時のゴールデンタイムにかけて、続けて放映されます。会社勤めのお父さん方や若いＯＬの方々の中には、傍《かたわ》らで、家族がちびまる子ちゃんやサザエさんを見ていると、「あーあっ、明日《あす》からまた仕事が始まるのか?」と思うと、ものすごく憂《ゆう》うつな気分になるというわけです。

茶の間で、テレビから流れる「サーザエーさん、サッザエーさん〜、サザーエさんてどんな人〜?」というテーマソングや、主人公の明るくはじけるような声を耳にしながら、その一方で、何ともいえない虚《むな》しさを感じる……。真面目に一生懸命、お仕事をされている方ほど、このような症状に陥《おちい》りやすいというのが、現代社会の特徴であるといえます。

サラリーマンのお父さんであれば、誰もが一度や二度は、体験したことがあるのではないでしょうか。

最近では、職場でのストレスが高じて、出勤ができなくなる状態を「出社困難症」と呼ぶこともあるようですが、出社困難とまではいかなくても、仕事のことを考えると、憂うつになり、疲労感が高まってくる状態が「朝刊シンドローム」や「ちびまる子ちゃんシンドローム」、「サザエさんシンドローム」と呼ばれているものなのです。お仕事をお持ちの方であれば、こうした気持ちは、とてもよくわかるかと思います。

「空の巣シンドローム」という症状もよく知られています。これは、手塩《てしお》にかけて子どもを育て、子育てを生きがいにしてきた親が、子どもが学校を卒業し、仕事に就《つ》いて、家から巣立っていったと同時に空虚感《くうきょかん》におそわれ、生きる意欲を喪失《そうしつ》してしまうというものです。

都内に住んでおられるYさんご夫妻には、二人の優秀な息子さんがおられました。長男は、大学を卒業後、商社マンとなり海外へ赴任《ふにん》。お母さんは、次男だけは家に残ってくれるだろうと思っていたそうです。しかし、その次男もまた、就職して二年目に札幌に転勤。

親の期待を見事に裏切り、親元から離れていってしまいました。何ともいい表《あらわ》しようのない寂《さび》しさを紛《まぎ》らわせるために、お母さんは、強引にご主人を説得。ご夫婦で大学の通信教育を始められました。今では、生涯学習に挑戦する多くの学友たちとともに、第二の人生を楽しんでおられます。

「育つ」は「巣立つ」ともいわれますが、子どもが巣立ち、自立し始めた後に、親は生きがいを失い、ストレスを溜《た》めこみます。親もまた、うまく子離れをしていくことが大切です。

この「空の巣シンドローム」とよく似た症状に、「荷おろしシンドローム」と呼ばれているものがあります。節約に節約を重ねて、若いころからの念願であったマイホームをやっと手に入れることができた。しかし、夢が現実のものになった途端《とたん》に、目標を見失ってしまい、無気力状態に陥ってしまうというわけです。

退職したあとにおとずれる無気力感を象徴している「退職シンドローム」もまた、現代のサラリーマンの方たちがしばしば陥る症状であるといえます。最近では、犬や猫などのペットを失《な》くしたショックで、飼い主が生きる意欲を喪失する「ペットロス・シンドローム」も話題になりつつあります。飼い主にしてみれば、ペットはわが子同然の存在であるだけに、可愛《かわい》いペットを失ったことからくるストレスは、計《はか》り知れないものがあります。

子どもの世界と「ストレス」

こうした大人社会におけるシンドロームと同様のストレス症状は、子どもの世界においても見受けられます。たとえば、今日、不登校やいじめ、児童虐待《ぎゃくたい》などは、子どものストレスを高める大きな原因となっています。

不登校を例にとると、文部科学省がまとめた「学校基本調査報告書（平成十六年度）」によれば、現在、わが国において、「病気」や「経済的理由」以外の理由で、年間三十日以上、学校を長期欠席している不登校の小中学生は、平成十六年度間で、およそ十二万三千三百人にのぼっています。ここ数年、不登校の児童生徒は減少傾向にあるとはいえ、この数値は、一学級を四十人とすると、優《ゆう》に三千学級を超《こ》える子どもたちが、学校から遠ざかっていることになるわけですから、大変な数であるといえます。

ところで、お隣《となり》の韓国でも、日本と同様、不登校傾向にある子どもたちが増加傾向にあります。韓国では、学校に対する不信感から、自らの意思や考えで学校を退学する「自退生」と呼ばれる生徒が、次第に増えつつあります。自退生は、概《がい》して、成績が優秀な生徒に多いのが特徴のようです。

創価大学鈎《まがり》研究室では、二〇〇一年に、日本の不登校児と韓国の自退生計一三二人が書いた文章作品を手がかりにして、子どもたちの文章に秘められた感情の分析をおこないました。その結果、日本の不登校児は、概して、教師に対する批判的感情が強いのに対して、韓国の自退生では、学力重視の学校制度そのもののあり方に対して、批判の目が向けられる傾向にあることがわかりました。

こうした子どもたちの反抗心やストレスの背景には、進学至上主義的な教育が強く影を落としていることが考えられます。日本や韓国に代表される成績重視の教育は、「東アジア型教育」と呼ばれていますが、こうした教育環境の中で、子どもたちのストレスもまた、大きくなっていることは否《いな》めません。

2　善玉ストレスと悪玉ストレス

「ストレス」と「ストレッサー」

元来、「ストレス（stress）」とは、物理学用語で、外からの力によって生じる「ひずみ」のことをいいます。あるいはまた、「ひずみ」を生じさせる外的な力に対する「応力」のことをストレスと呼んでいます。わが国の心療内科の草分け的存在であった池見酉次郎《ゆうじろう》氏は、ストレス状態を、指《ゆび》でゴムマリをおさえた状態にたとえ、指でマリをおさえたときにできるくぼみと、それを元に戻そうとするマリの弾力による反応とを含めたものであると述べています。これは、実にわかりやすいたとえであると思います。

今日、こうした物理学における考え方を生理学や医学の分野で応用し、普及させた人物としてよく知られているのが、カナダの内分泌学者セリエ（H. Selye）であり、アメリカの生理学者キャノン（W.B. Cannon）です。

一般に、ストレスとは、「身体の磨耗《まもう》の度合い」のことをいいます。あるいはまた、前節のさまざまな「シンドローム（症候群）によって表された状態」がストレスであるといえます。そして、このストレスが引き起こされる元になるもの、すなわち、ストレスを惹起《じゃっき》させるものはストレッサー（stressor）と呼ばれます。ストレッサーは、私たちに対して、外から加えられる刺激のことです。ストレッサーが引き金になって、私たちは、ストレスを感じることになります。

ストレスの種類には、大きく四つあります。一つは、車や電車、飛行機などによる騒音、異常気象による気温や湿度の高さなどからくる物理的なストレスです。二つ目には、異臭《いしゅう》や大気汚染《おせん》、水質汚染などが原因で生じる化学的なストレス。三つ目は、極度の睡眠不足や長時間労働による疲労、体調不良などから起こる生理的・身体的ストレスです。そして、四つ目は、日々の生活における経済的不安や家庭内の葛藤《かっとう》、仕事上の不満、人間関係における葛藤や悩みから生じる心理的ストレスです。なかでも、心理的ストレスは、現代社会におけるストレスを象徴するものであるといってよいでしょう。

これらの四つのストレスは、相互に関連し、複雑に絡《から》み合いながら、頭痛や下痢《げり》、体重の激減や血圧の急激な上昇となって身体に表れたり、暴言や暴力、自傷行為というかたちで行動として表出したり、あるいはまた、不安や焦燥感《しょうそうかん》、憂うつな気分となって心を蝕《むしば》むというように、さまざまなかたちで私たちに覆《おお》いかぶさってきます。

たとえば、心理的なストレスは、内臓の働きにも影響を及ぼします。強い緊張感や不安は、心臓の鼓動を高めます。また、「胃は意である」といわれるように、怒りや敵意の感情、緊張感や不安、悲しみは、痛みや食欲の減退というかたちで、胃を強く圧迫します。

猫の場合でもそうですが、猫の目の前で獰猛《どうもう》な犬に吠《ほ》えつかせてストレスを与えたときには、猫の血圧は急激に上昇し、心拍数《しんぱくすう》も増加します。ストレスに対して、猫の体が緊急に反応するのです。人間の場合も同じです。

ところで、一般に、夫や妻が、日々の生活の中で、最も強いストレスを感じるのは、子育てに関するものであるといわれます。教育熱心な親であればあるほど、わが子が学業や進学面で期待を裏切ったり、親の意に反するような言動に出た場合には、夫婦のストレスは極限に達します。

高齢社会に突入した今日では、子どもをめぐるストレスに続いて、親の病気や介護《かいご》によるストレスもまた、次第に増大しつつあります。介護ストレスは、さまざまなストレスの中でも、最も大きなウエートを占《し》めつつあるといってよいでしょう。夫の失業による将来への不安や、マイホーム等のローンの支払いに関する経済的不安もまた、夫婦のストレスを高めます。

二つの「ストレス」

ところで、ストレスには、私たちへの影響の及ぼし方から考えて、大きく二つの種類があります。一つは「有害ストレス（distress）」と呼ばれるものです。「有害ストレス」は、文字どおり、私たち人間の生活に害を及ぼすストレスです。無力感や憂うつ感、欲求不満を引き起こし、ときに身体的な危害をもたらすストレスだといえます。その意味で、「有害ストレス」は「悪玉ストレス」ともいわれています。

これに対して、さまざまな問題が降《ふ》りかかってくることによって、逆に、人をやる気にさせ、目標達成へと駆り立てたり、生活に充実感や張りをもたらすようなストレスを「有益ストレス（eustress）」と呼んでいます。「有益ストレス」は、「善玉ストレス」とも呼ばれ、人に幸福感や安定感をもたらします。このように、ストレスは、有害なものにもなるし、逆に、人間の成長の上で有益なものにもなり得る可能性を秘めているのです。人生を学校にたとえ、人生という学校においては、幸福よりも不幸のほうがよい教師であると述べた作家がいますが、こうした考え方は、不幸や苦しみ、悩みを「有益ストレス」にしていこうとするものにほかなりません。

私たちにとって有害なものになりがちなストレスを、「有益ストレス」に変えていけるかどうかは、ひとえに、私たちの日ごろの生活態度や物事に対する考え方や見方、心の持ち方をどううまく変えていけるかにかかっているといってよいでしょう。すでに、第1章1では、楽観主義の人の説明スタイルの特徴は、「外向的」であると述べましたが、こうしたストレスを「有益ストレス」にしていこうとする考え方は、楽観主義的な生き方に通じるといえるでしょう。

さまざまな生活上の変化に、うまく適応し、首尾《しゅび》よく対応していく上で、自らの認知、すなわち物事に対する見方を変えるということは、とても大切なことです。

3　仏教からみたストレス

人生と「四苦八苦」

ところで、約三〇〇〇年前、人間の心を深く探求した仏教思想には、現代心理学ときわめて近い考え方が含まれています。たとえば、仏教の中に、「四苦八苦《しくはっく》」という考え方があります。「四苦八苦」という仏教的視点は、現代社会のストレスの意味を考えていく上で、私たちに大きなヒントを与えてくれます。仏教ではまず、人生における「苦」を、大きく四つの視点からとらえています。

また、「苦」を、もう一歩踏《ふ》みこんで、詳《くわ》しくみた場合には、「八苦」という八つの苦しみが私たちの人生と深くかかわっていると考えます。この仏教が示唆している「苦」こそが、まさに現代でいうストレスにほかなりません。

「四苦八苦」のうち、「四苦」とは、いうまでもなく「生」「老」「病」「死」に関する四つの苦しみ、ストレスのことをいいます。総じて、人間としてこの世に「生」を受けたということは、「生」「老」「病」「死」という四つの「苦」と向き合うということでもあるのです。

「生」による苦しみとは、文字どおり、生活をすることや生きることからくる苦しみ、ストレスのことです。また、「老」による苦しみとは、老《お》いることからくる苦しみです。私たちは、年を重ねるごとに体が衰《おとろ》え、そのことがストレスを生み出します。さらには、「病」とは、病気にかかることから生じる苦しみ、「死」とは、死と向き合うことからくる苦しみです。これらの「苦」は、誰もが避けてとおることのできない問題です。とりわけ、「老」「病」「死」という三つの「苦」は、今日の高齢社会の中で、われわれ日本人にとって、きわめて切実な問題であるといえます。

また、「八苦」のうち、残りの四つの苦しみ、すなわち、「愛別離苦《あいべつりく》」、「怨憎会苦《おんぞうえく》」、「求不得苦《ぐふとっく》」、「五陰盛苦《ごおんじょうく》」は、「生」「老」「病」「死」という人生のプロセスにおいて、最もストレスを感じやすい状況を、具体的に示したものであると考えられます。

まず、「愛別離苦（愛する者と別離する苦しみ）」とは、文字どおり、愛する人と離れること、別れることからくる苦しみです。この世に生を受けたときから、人生には出会いがあれば、別れもあります。人生は、愛する人との出会いの場であり、愛する人との別れの場でもあるのです。その意味では、皆、「愛別離苦」という苦しみ、ストレスを避けてとおることはできません。

たとえば、ホルムス&レイ（Holmes & Rahe）は、「社会再適応評価尺度」を用いて、人生全般に関するさまざまなストレス源について検討をおこなっています。それによりますと、人生において最も高いストレスは、「配偶者」との別れであることを示唆していますが、仏教でも、こうした最愛の人との離別からくる苦悩を、具体的な「四苦」の冒頭にあげていることはきわめて興味深いことであるといえます。

「怨憎会苦（怨憎する者に会う苦しみ）」とは、恨《うら》み、憎《にく》むものと出会わなければならない苦しみのことをいいます。人と人とが出会う、関係を結ぶということは、恨みや憎悪《ぞうお》を体験するということでもあります。親と子、夫と妻、嫁《よめ》と姑《しゅうとめ》の確執《かくしつ》、兄弟間の争い、近隣との不仲、通勤途中で出会った見知らぬ人との諍《いさか》い、男女の関係の苦しみ、職場での上司や同僚との不和に象徴されるように、私たちは、日々の人間関係の中で、恨《うら》まれたり、憎まれたりすることで、多くのストレスを体験しています。人と人とがぶつかりあい、関係しあうということは、憎しみや恨みからくるストレスの連続であるといってもいいでしょう。

「求不得苦（求めて得ざる苦しみ）」――。これは、欲して求めても、物事がなかなか得られない苦しみ、ストレスです。国家試験に合格したいけれども合格できない苦しみ、管理職に就《つ》きたいが昇進できない苦しみ、大好きな人と結婚したいけれども一緒になれない苦しみやストレスは、この「求不得苦」に相当するといえるでしょう。

また、「五陰盛苦」は、色《しき》、受《じゅ》、想《そう》、行《ぎょう》、識《しき》の五陰、すなわち、肉体的、精神的な諸要素から生じる苦しみのことです。つまり、この世に生を受け、人間として存在することそれ自体が苦しみの連続であるということを意味する言葉です。人間としての生は、苦におおわれている、人生は苦しみに満ちあふれているというわけです。「五陰盛苦」は、きわめて実存的な視点であるといえるでしょう。

雑阿含経と三つの「苦」

さて、仏教の経典《きょうてん》のひとつである雑阿含経《ぞうあごんきょう》では、前述の「四苦八苦」に対して、「苦」

をまた別の視点からとらえることにより、人間の生について、示唆に富む考え方を提供してくれています。雑阿含経では、人間には、三つの「苦」、すなわち、「苦苦性《くくしょう》」、「壊苦性《えくしょう》」、「行苦性《ぎょうくしょう》」があることに言及しています。

まず、「苦苦性」とは、苦しみゆえの苦しみであり、いわば、苦しいから苦しいという性質の「苦」です。このような性質の「苦しみ」は、飢《う》えや寒さ、酷暑《こくしょ》、騒音、悪臭、呼吸困難、睡眠不足などによって生じる、いわゆる肉体的な苦痛です。「苦苦性」は、前節で述べた四つのストレスの種類のうち、物理的ストレスや化学的ストレス、身体的ストレスに相当するものであると考えられます。

また、「壊苦性」とは、自分にとって大切なもの、好都合のものが壊《こわ》れ、破壊されることによって生じる「苦しみ」のことをいいます。大切だと考えているものや自身が執着しているものは、人によってさまざまですが、そうしたものを失うことによって、私たちは、ストレスを余儀《よぎ》なくされます。財産や家屋を手放すことから生じる「苦しみ」、健康を損《そこ》なうことから起こる「苦しみ」、社会的な地位を喪失《そうしつ》することから引き起こされる「苦しみ」、これらは、すべて「壊苦性」であるといえます。「壊苦性」は、自らの所有物を失うことから生じる苦しみですから、いわゆる自らのアイデンティティの喪失とも深くかかわってくると考えられます。

さらに、「行苦性」とは、「行」、すなわち、この世の移《うつ》ろいや無常転変《むじょうてんぺん》から生じる「苦しみ」です。「生」あるものには、必ず「死」があります。生きるということは、時々《じじ》刻々《こっこく》と変化し、変わりゆく周囲の自然環境や生活環境、さらには家族や友人との別離に代表される人間関係と常に向き合っていくということでもあります。「生」と「死」の流転《るてん》の中で、新しく生まれてくるものもあれば、失われていくものもあります。生きるということはまた、自らの肉体的な変化や衰えを直視し、受け入れるという営みでもあります。人は、過ぎ去り、移ろいゆく変化に不安をいだき、苦しみの感情をいだきます。このような「行苦性」もまた、心理的ストレスの重要な側面の一つであるといえるでしょう。

仏教では、こうした私たち人間が生きていく上で、避けてとおることのできない苦しみやストレスへの対処法として、「八正道」という八つの具体的な実践内容を示しています。すなわち、「正見」「正思」「正語」「正業《しょうごう》」「正命《しょうみょう》」「正精進《しょうしょうじん》」「正念」「正定《しょうじょう》」の八つの実践内容です。

このうち、たとえば、「正見」とは正しいものの見方のことをいいます。また、「正思」は思考や考え方の正しさ、欲や怒りがない心のことであり、「正命」は、正しい生き方を意味する言葉です。

こうした八つの具体的な実践内容もさることながら、ここで筆者が注目したいのは、それぞれの実践の頭に冠されている「正」の字、すなわち、「正しい」という言葉のもつ意味です。仏教学者の増谷文雄《ますたにふみお》氏は、この「正しい」という言葉に、三つの意味があることに言及しています。

一つには、「正」には「如《にょ》」、すなわち、「あるがまま」という意味があるということです。二つには、「離妄想《りもうそう》」、すなわち、空想や迷妄《めいもう》をもって飾り立てないという意味があること。そして、三つには、「離辺《りへん》」、すなわち、「辺」（偏《かたよ》り、偏った見方）をなくすという意味があることです。

こうした「正」という字にまつわる視点は、現代社会のさまざまなストレスに対処していく上で、大切な視点を提供してくれているように思います。たとえば、「行苦性」に象徴される環境や人間関係、老いといった移ろいゆく変化や不安に対処していくためには、そうした変化に逆《さか》らった生き方を志向するのではなく、あるがままに、自然体で向き合うということが、きわめて重要になってきます。

また、「離妄想」とは、目の前で起こっている事態をしっかりと見据《みす》える、直視するということの大切さを教えてくれているように思います。

さらに、「辺」(偏り、偏った見方)をなくすという視点もまた、ストレスに対処していく上で不可欠の要素です。たとえば、心理学的な視点でみますと、すでに第1章3で紹介した、いわゆる論理療法でいう「イラショナル・ビリーフ」(irrational belief)という言葉に置き換えてみることが可能だと考えられます。日常の出来事を、イラショナル・ビリーフという「誤った思いこみ」で受け取ることが、ストレスを高めているというケースが少なからず見受けられます。

また、生起《せいき》した事態や現象を、気分に左右され、悲観的に見るということは、ここでいう「偏った見方」に相当すると考えられます。こうした仏教的な視座は、現実のさまざまなストレスに対処するための重要なヒントを、私たちに提供してくれているといえるでしょう。

4　ストレスと「癒し」

「癒し」の意味

現代は「癒《いや》し（heal）」の時代であるといわれます。「癒し」の語源は、ギリシャ語のholosです。このギリシャ語は、「全体」を意味する英語のwholeに相当します。健康を意味する英語のhealthという綴《つづ》りにも、healの四文字が含まれていることからもわかるように、healthという言葉もまた、healと同じ語源をもっています。

「癒し」という言葉には、元来、人と人とのつながりや生きることのバランスを重視した、全体的、包括的な人間観が横たわっています。そうしたことからもわかるように、「癒し」とは、人間が自然との調和をはかるなかで全体性を回復し、人と人とのつながりや心の絆《きずな》を強め、心と身体のバランスを保つことにほかなりません。「癒し」とは、人間性の回復であり、心の健康の回復の過程であるといえます。

人は、健康なときは、自然と交わり、人とつながり、心と心を通わせることが可能です。

しかしながら、激しく変化する現代社会にあって、私たちは、人間相互のつながりや人間と自然との融合《ゆうごう》、心身のバランスを確実に失いつつあります。だからこそ、今日、「癒し」に人々の関心が集まるのでしょう。

今日、学校教育の世界においても、「ホリスティック教育」という考え方が注目されています。ホリスティック教育では、国家や地球、物質主義と精神主義といった両極のバランス、意識や無意識、心とからだをあわせもつ人間存在の全体性や包括性、人と人、個人と世界のつながりということを重視する優れた教育哲学ですが、実は、この holistic という言葉の語源もまた、heal と同じく、ギリシャ語の holos なのです。

長年、アメリカを中心に、子どもの人権擁護《ようご》の活動に携《たずさ》わってこられた森田ゆりさんは、「癒し」とは、人間の中の「内なる自然」を受容し、ケアし、そこに息づく生命力と呼吸を合わせていくことであると述べています。そのために、「外なる自然」に身を置き、裸足《はだし》で大地を踏みしめて、大自然の生命を吸い上げる必要があると指摘しています。そうした意味では、「癒し」とは、宇宙に息づく生命とリズムを合致させることによって、自らの生命力を回復していく営みであるといえるでしょう。

「セルフ・エンパワメント」という言葉があります。「セルフ・エンパワメント」とは、自分の中に埋《う》もれている自分の力を引き出し、掘り起こしていくということです。元来、empowerment という言葉には、権限付与、権限委譲《いじょう》という意味が含まれています。つまり、本来の力を与える、持っている力を取り戻すという意味があります。森田さんは、自分の内なるパワーの存在に気がつき、そのパワーを豊かに育てることがエンパワメントであると述べています。こうしたエンパワメントという言葉が意味しているように、本来、人間が秘めている生きる力、生命力を取り戻していく営みが「癒し」であるといえます。

人と「癒し」

このように、人間が、内なる自然と、自然や宇宙に息づく生命とを合致させることによって、自身の生命力を回復していく営みは、言い換えれば、人間には、元来、自分で治《なお》す力、自分で自分の生命力を復元できる力をそなえているということでもあります。人間には、無限の「自己治癒力《ちゆりょく》」があるのです。

広義《こうぎ》には、創傷治癒《そうしょうちゆ》という働きも、こうした「自己治癒力」の営みの一つであると考えられます。道で転んで足をすりむいて血を流しても、やがて血は固まり、傷口を保護します。このように、私たちには、自らの傷を癒《いや》す力がそなわっています。犬や猫のような動物の場合も同じです。傷ついて足から出血しているときに、犬が一番欲していることは、おそらく、人間に薬を塗ってもらったり、包帯《ほうたい》をあてがってもらうことではないと思います。傷を負ったときに、犬が一番したいこと――それは、自分で自分の傷口をなめることなのです。

「癒し」ということを考えた場合、一般的には、援助される側のほうが癒されると考えられがちです。しかし、癒しは、必ずしも一方通行的なものではありません。たとえば、お年寄りの身のまわりの世話をしてあげることで、お世話をし、援助してあげる側のほうもまた、お年寄りの何気《なにげ》ない感謝の言葉や笑顔《えがお》によって癒されることがあります。癒す側の人もまた癒されるのです。

ペットと「癒し」

しかしながら、現代の社会では、複雑な人間関係の中で、私たちが、本来の生命力を回復していくということは、容易なことではありません。

二〇〇三年に創価大学鈎研究室がまとめた「日本・韓国・イギリスの成人にみる性役割意識」に関する調査では、日々の生活の中で、癒されるときはどんなときかについて、日本と韓国、イギリス計三カ国の大人の意識について比較検討がなされました。

この国際比較調査では、まず、日ごろの人間関係や他者との交流の面で、どの程度、癒しを感じるかについて、各国間の成人の意識を比べてみました。

それによりますと、まず、「夫（妻）や彼（彼女）と一緒にいるときに癒されるか」について、「大変」「まあ」「あまり」「まったく」の四件法で回答を求めた結果、「大変そう思う」と回答した割合は、イギリスの成人で八五％、韓国で五六％であったのに対して、日本の成人では、四七％にとどまりました。また、「友人と話をしているときに癒されるか」では、「大変そう思う」と回答した割合は、イギリスの成人で八〇％、韓国で七〇％であったのに対して、日本の成人では、六〇％を割りこみました。

親子関係の面ではどうでしょうか。今回の調査では、「母親と話をしているときに癒されるか」について、「大変そう思う」と回答した割合は、イギリスで五五％、韓国で四四％であったのに対して、日本の成人では、わずかに二七％でした。「父親」にいたっては、イギリス三九％、韓国二〇％に対して、日本では、わずかに一〇％。日本のお父さん方にとっては、とても残念な結果でした。

こうした結果が示唆《しさ》しているように、日本の成人では、韓国やイギリスに比べて、人間関係において癒されると感じている割合がきわめて低いことがわかります。それだけ、今日の日本の社会では、心豊かな人間関係を維持していくことが難しくなりつつあるといえるのかもしれません。

これに対して、「ペットや動物と触《ふ》れ合っているときに癒されるか」では、「大変そう思う」と回答した割合は、イギリスで四三％、韓国で二六％であったのに対して、日本の成人では、五一％に達しました。同様に、「緑豊かな自然の中にいるときに癒されるか」に対して、「大変そう思う」と答えたのは、イギリスや韓国では五〇％強であったのに対して、日本では、実に、八〇％近くに達するという大変興味深い結果が得られました。

今回の調査対象国の一つであるイギリスでは、パートナーや友人、父母など、人とのふれあいの時間や共有場面において、癒しを強く感じていることがよくわかります。とりわけ、異性の伴侶《はんりょ》に対しては、そうした感情がより一層強く、それは、イギリスの男女ともに共通して認められる傾向のようです。

イギリスでは、家庭の基本単位としての夫婦のあり方が、日本とは異なるということがよく指摘されます。たとえば、夫は、家事や雑用の面でも、妻のことを気にかけ、協力を心がける。また、夫婦二人で共に過ごす時間は、日本の夫婦に比べてはるかに長いとされますが、こうした人生のパートナーに対する意識の違いが、今回の調査結果でも浮き彫《ぼ》りにされたといえます。

日本の成人の場合には、ペットや自然環境など、どちらかといえば、人との接触以外の場面で、癒されると感じていることがわかります。やはり、人とのコミュニケーションを維持し、育《はぐく》むという点では、日本人の場合、少し苦手《にがて》意識があるのでしょうか。人との関係をうまく維持するということが、今日の複雑な日本の社会では、難しくなりつつあるのでしょうか。そうしたことが、動植物や自然とのふれあいに一体感を感じ、安らぎを感じるという結果につながっているのかもしれません。

5　夫婦喧嘩のストレス解消法

ブレインストーミングの活用

筆者は、日々の大学での授業の中で、集団学習の一環として、ブレインストーミングという手法を用いて、さまざまなテーマについて、問題解決を志向する学習をさせることがあります。ブレインストーミングは、オズボーン（Osborn, A.F.）によって考案された、多くのアイデアや提案を生み出すための創造的思考法の一つです。「ブレイン（brain）」とは頭脳、「ストーム（storm）」は、嵐《あらし》が吹くこと。つまり、ブレインストーミングには、「頭に嵐が吹く」という意味があります。

私たちは、人からある刺激を受けると、その刺激に関連して、別のアイデアを頭に思い浮かべたり、連想することができます。他人の考えや意見が刺激となって、連鎖反応的に、斬新《ざんしん》なアイデアや発想を生み出すことが可能です。ブレインストーミングをうまく活用することで、さまざまな問題解決のためのヒントや糸口を見つけ出すことができます。

四つのルール

ブレインストーミングをおこなうときには、はじめに、話し合いのテーマを決め、十人前後で一つのグループをつくります。もちろん、もっと小人数《こにんずう》で実施することも可能です。グループでは、リーダーと記録係を決めます。リーダーは、進行係としての役割を担《にな》い、発言したい人に挙手《きょしゅ》をさせ、順次、指名していきます。また、記録係は、出されたアイデアについて、通し番号をつけ、黒板や紙などに記録していきます。所要時間は、二十分前後が一般的です。

ブレインストーミングの実施に際しては、次のような四つのルールを守る必要があります。第一に、人の発言の批判をしないこと（批判厳禁）。他人の意見やアイデアに対して、良いとか、悪いといった評価や批判、考えを述べたりしないこと。

第二に、グループで出される意見やアイデアの量は、多ければ多いほどよいということです（質より量）。アイデアの数を重視する発想法がブレインストーミングの特徴の一つです。アイデアは、できるだけ簡潔に述べるように心がけます。

第三に、自由奔放《ほんぽう》な意見は大歓迎であるということです（自由奔放）。こんな意見を述べたら、笑われるのではないかなどと考える必要は毛頭ありません。とにかく、頭に浮かんだアイデアは、遠慮しないで発表することです。

第四に、人の意見や考えをヒントにして思いついたこと、連想したことは何でも発表すること（便乗歓迎《びんじょうかんげい》）。これは、ブレインストーミングという発想法の大きな特色でもあります。先に発言をした人のアイデアに関連する考えが浮かんだら、「便乗」といって手をあげ、意見を述べるのです。別の人が挙手をしていても、便乗の人を優先させます。便乗は、先に出された考えやアイデアにより一層磨《みが》きをかけ、改善をうながしていく上で重視をします。

ブレインストーミングは、きわめて適用範囲が広く、ほとんどの問題についてアイデアを求めることが可能です。ルールがわかりやすく、実施が容易であるのも特徴の一つです。

妻のストレス解消法

ブレインストーミングは、直面するさまざまな問題への対応や解決の手立てを模索《もさく》していく上で、きわめて有効であると考えられます。家庭の中で起こるさまざまな問題やストレスへの対処法を模索していく上でも、ブレインストーミングを活用する価値はあると思います。ここでは、「ご主人と喧嘩《けんか》をしたときの奥さんのストレス解消法」というテーマで、ブレインストーミングを実施することで、どのようなアイデアや意見が出されたかを、紹介してみましょう。

以下に示したアイデアは、創価大学通信教育部のスクーリングにおいて、ブレインストーミングを実施した際に出されたものです。通信教育部には、十代から八十代までの幅広い年齢層の方が在籍《ざいせき》しておられますので、実にさまざまなアイデアが出されました。それでは、ユニークで興味深いアイデアを紹介してみましょう。

Ⅰ　テーマ「ご主人と喧嘩をしたときの奥さんのストレス解消法」

Ⅱ　出されたアイデア

①ショッピングをして、贅沢《ぜいたく》な買い物をする（便乗で、「高い化粧品を買いまくる」「財布《さいふ》の中を気にしないで使う」）、②自分だけ、美味《おい》しいものをいっぱい食べる、③ワインを一本あける、④カラオケに行く（便乗で、「温泉に行く」）、⑤一日中、女王様のようにして暮らす、

⑥夜遊びをする、⑦外出する（便乗で、「車でぶっ飛ばす」）、⑧主人に内緒《ないしょ》で宝くじを買う、⑨主人のご飯を作らない（便乗で、「主人に大嫌いなものを食べさせる」）、⑩主人に、子どもをおしつける（便乗で、「主人抜きで、子どもと買い物に行く」）、⑪主人の小遣《こづか》いを減らす（便乗で、「主人の銀行通帳を見る」）、⑫大声で、主人の馬鹿野郎！という（便乗で、「主人のほっぺたをたたくところを想像する」）、⑬テレビの「笑点《しょうてん》」を見る、⑭長電話をする、⑮長風呂《ながぶろ》につかって本を読む、⑯創価大学のスクーリングに来て、家事をしない、⑰茶碗《ちゃわん》を割る（便乗で、「皿を投げる」）、⑱親しい友だちに主人の悪口をいう、⑲つめを噛《か》む、⑳寝る………。

いかがでしょうか？　このようなアイデアや出された意見を見てみますと、実に豊富な考えがあることがわかります。もとより、出されたアイデアの中には、現実的でないのもあるでしょう。なかには、実行に移すことにより、かえって、夫婦仲が悪化しそうなアイデアも見受けられるようです。

しかしながら、こうして出されたさまざまなストレス解消法には、きわめて楽観的で、庶民的な感覚が見え隠《かく》れしていて、私たちの心をなごませてくれます。ブレインストーミングをとおして、ちょっとしたユーモアや遊び心を味わってみることも、ストレスを解消していく上で、大切なことなのかもしれません。

もう一つ、実践例を紹介してみましょう。

次に、紹介するのは、やはり、通信教育のスクーリングで、「家庭での親とのうまいつきあい方」についてブレインストーミングをおこなった結果です。ここでも、なかなか斬《ざん》新《しん》で、たくさんの興味深いアイデアが出されました。

Ⅰ　テーマ「家庭での親とのうまいつきあい方」

Ⅱ　出されたアイデア

①親に甘《あま》える（便乗で、「親をよいしょする」）、②ときどき、お小遣いをあげる、③たまに、肩を揉《も》んであげる、④距離を置く、⑤父の日、母の日に贈り物をする、⑥元気なうちに温泉に行く、⑦頻繁《ひんぱん》に電話をかける、⑧料理をほめる、⑨「お母さん、若いわ！　きれいだわ」っていう（便乗で、「お父さん、かっこいいわ」っていう）、⑩親がおならをしても、くさがらない、⑪マッサージ機を買ってあげる、⑫野球は、親と同じチームを応援する、⑬お父さんに、「行ってらっしゃい」のチューをする、⑭十のうち、三ぐらいは我慢《がまん》する、⑮あまり、会わないようにする、⑯とにかく、共通の話題を見つける、⑰孫《まご》の面倒を見させ

る、⑱できる範囲で同居をしてあげる、⑲何をいわれても、内心どう思っていても、とりあえず、「はい」といっておく。

皆さんは、これらのアイデアをご覧《らん》になって、どのような感想をお持ちになりましたか？　一人では、到底、考えも及ばないような、ユニークで独創的なアイデアが提出されていて、思わず、笑いがこみあげてきた方もおられるのではないかと思います。

ブレインストーミングの良さは、問題解決に際して、一人で考える以上に、豊富なアイデアが生まれることにあります。また、本節で紹介してきたように、テーマが、私たちにとって身近なものであればあるほど、ユーモラスで、現実感あふれるアイデアが生まれてくるものです。一見、ストレスが溜《た》まりそうな課題に対しても、皆で考えを出し合っていけば、あまり深刻にならずに、笑いやユーモアのセンスをもって向き合えるという良さがあるのではないでしょうか。

皆さんもぜひ、気の合う仲間で、やってみられることをおすすめします。ひょっとしたら、ストレスに対する見方も変わるかもしれませんよ。

6 「ふさぎこむ心」と向き合う

フリーライターSさんのケース

さて、本節では、二人の方の生き方をとおして、「ふさぎこむ心」とどのように向き合っていけばよいかということについて、皆さんと一緒に考えてみたいと思います。

数年前のことです。女性フリーライターのSさんは、一度に五つもの仕事をかかえこんでいました。生真面目《きまじめ》で完璧主義の性格だったSさんは、原稿の締《し》め切り日に絶対に間に合わせなければならないと、執筆活動に余念がありませんでした。睡眠時間が三〜四時間足らずという日が、三週間以上も続き、とうとう燃え尽《つ》きて、倒れこんでしまったのです。

そんなことがあってからというもの、Sさんは、「自分は、弱い駄目《だめ》な人間である」と決めつけ、自らを責《せ》め続けました。全身に鎧《よろい》をまとったかのような重たさを感じ、朝目覚《めざ》めても寝床《ねどこ》から起き上がることができず、洗顔も、服を着替えることさえもできませんでした。一日中、食事はおろか、入浴することもままならず、トイレに行くのがやっとというありさまでした。このような状態が半年以上も続きました。「自分なんか生きていても何の価値もない」という気持ちが、このころのSさんの心を支配し続けました。

そんなSさんが、自らの「ふさぎこむ心」と向き合えるようになったのは、一人の優れた医師との出会いがきっかけでした。

「自分のことが好きですか？」とのドクターの問いかけに、「大嫌いです」と小さな声で応答するSさん。「今のあなたに百点満点で点数をつけるとしたら、何点かな？」との質問にも、「かぎりなくマイナス点です」としか答えられないSさん。当初、そんな自己否定のかたまりだった彼女も、医師の適切な助言にふれ、次第に、自分を肯定的にみること、自分を認めてあげることの大切さに目覚めていきました。

そして、これまで一生懸命にやってきた自分や、努力してきた自分を好きになれる自分へと次第に変わっていったのです。自分を肯定するということは、自らをあまやかすということではありません。悩んでいる自分、不安の中にいる自分、行き詰《づま》っている自分を、誰よりも温かく受け入れてあげることができるのは、ほかならぬ自分自身をおいてほかにはないということに気づいたのです。

今、Sさんが心がけていることは、一つには、完璧な自分を目指さないということです。「～でなければならない」、「～でないと気がすまない」という考え方をあらため、少しぐらい仕事を減らしたっていいじゃないかと思えるようになってきました。そうです。良い意味で、いい加減な生き方をすることができるようになってきたのです。「いい加減な生き方をする」ということは、ふざけて生きるということではありません。「いい加減」とは、ほどよい生き方ができるということなのです。

人間なんだから、たまには、失敗をすることもあるさという気持ちがもてるようになりました。百点満点の自分でなくてもいいと思えるようになりました。「八十点、いや七十点を目指す生き方でいいんだ。それだけ点数をとれば、大抵の試験は、みな合格できるのだから」と気持ちを切りかえることができるようになりました。

Sさんが心がけているもう一つのことは、「先のことを心配しすぎない」ということです。物事を悪いほうに悪いほうに考えてしまうから、心が沈んでしまうのだということに気がつき始めました。「もし、原稿が締め切りに間に合わなかったらどうしよう」とか、「将来、仕事が減ったらどうしよう」とか、まだ起こってもいないことに心をくだき、時間を費《つい》やすような無駄《むだ》なことはやめようと思えるようになったのです。つまり、第1章1でふれてきたような、「永続的」という悲観主義者に共通した説明スタイルを変えることができるようになりました。

そして、もう一つは、「他人の評価を気にしない」ということ。仕事にかぎらず、まわりの人からの自分に対する評価なんて、気になりだしたらきりがないと思えるようになりました。考えてみれば、国民の人気投票で仕事に就《つ》いている世の中の国会議員だって、はたして、有権者から一〇〇%の支持を得て議員になった人が、何人いただろうか？ そんな化《ば》け物のような政治家なんているはずがない。日本の歴代の総理大臣だって、全国民の四〇%足らずの支持しか得られなくても、堂々と総理大臣をやってるじゃないか。一国を代表する首相ですらそうなのだから、まわりのすべての人から、良い評価を期待しようなんていう考えは捨て去ろうと、思えるようになってきたのです。

こうして、Sさんは、ささいなことで沈みこみやすかった自分と決別し、自らの生き方に自信がもてるようになりました。今、Sさんは、沈みこんでいるときに出会ったドクターに心から感謝しています。と同時に、自らの体験をとおして、一人ひとりの心の安定を支えていく上で、近い将来、日本でも、ホームドクターやホームカウンセラーのような存在が必要になってくると考えています。

看護学生Aさんのケース

次に、大学に入学してから、一人暮らしの生活をしていた看護学生のAさんのケースを紹介してみましょう。

Aさんは、小学校のころから努力家で、典型的な優等生タイプの子どもでした。幼少期から、親に反抗をしたことのない、素直《すなお》でいい子でした。親にしてみれば、実に育てやすい子どもであったようです。Aさんは、親孝行をしたいとの思いで、看護師を志望して猛勉強の末、見事に現役で看護大学に合格。親元を離れての生活が始まりました。

大学に入学をしてからも、経済的に苦労している親には絶対に迷惑《めいわく》をかけまいとして、授業も一日たりとも休むことなく、レポートや試験、実習、そしてアルバイトにと、どんなに苦しいときでも愚痴《ぐち》をこぼすこともなく、一生懸命に取り組んできました。大学での成績も常にトップクラス。申し分のない学生でした。二年生の始めに、お母さんが久しぶりにアパートを訪ねてきたときにも、「私は大丈夫だから」といって、苦しくても、一人でがんばってきたAさんでした。

そんな親思いで責任感の強いAさんから、実家のお母さんにSOSの電話があったのは、それから半年後のことでした。電話の向こうから聞こえてくる暗く沈んだ、声にならない娘の声に、すぐにおかしいと直感したお母さんは、娘のアパートに直行。そこで、Aさんは、初めて、親や友だちをはじめ、周囲の顔色をうかがいながら、無理をしてかかえこんできた苦しみを一気に吐《は》き出したのです。

親に心配をかけてはいけないと、小さいころから、親の前では常にいい子を装《よそお》ってきたこと、大学に進学してからも、周囲の友だちの顔色ばかりをうかがいながら、一人悶々《もんもん》として生きてきたこと、看護の勉強も無理を重ねてきた結果、不眠が続き、食欲もなくなり、何もする気が起こらないことなど、すべての心のうちを語ったのです。

これまで、自分のもてる力をすべて発揮して、勉強に、生活にとがんばり続けてきたAさん。精一杯《せいいっぱい》、生きてきた彼女だっただけに、まわりの友だちや先生からの「すごく元気じゃないの？」「そんなことでどうするの？　あなたならもっとがんばれるわよ」との励ましの言葉に、心の負担は一層大きくなっていったようです。

Aさんの場合、倒れる寸前のところで、親に助けを求めたことが何よりも幸いしたと思います。また、娘の変化をすぐに察知したお母さんのすばやい対応にも助けられました。その後、お母さんの献身的な支えによって、雲間から太陽の光が差しこんでくるように、Aさんの心は、明るさを取り戻していきました。

以来、Aさんは、目標に向かって進んでいる自分、人間関係で悩んでいる自分、課題に挑戦している自分、不安を打ち消そうとしている自分、現実に押しつぶされそうな自分といった、ありのままの自分をもっと大事にすること、しっかりと受け入れてあげることの大切さを実感できるようになりました。泣きたいときに泣き、笑いたいときに笑える、ありのままの自分を正直に出すことが、心のバランスを維持していく上で、いかに大切であるかがわかるようになりました。

自分の気持ちを無理に押さえこむのではなく、自らの心の叫びに耳を傾けてあげることが、自分をいたわることになるということを学びました。落ちこんだり、ふさぎこんだり、疲れを感じることは誰にでもあることなのだ。だから、からだや心が、休むことを要求しているときには、その要求にしたがって、休める自分になること。白旗《しらはた》のあげ方がうまくなれる「しなやかな心の自分」が、心の健康を維持していく上で、いかに大切であるかということを、身をもって知ったのです。

7　自分とうまくつきあう

「今ここにいる自分」と「見つめる自分」

前節では、二人の方の事例をとおして、「ふさぎこむ心」と向き合うことの大切さについて考えてみました。本節では、これまで私が出会った多くの方々の生き方をとおして、「自分とのうまいつきあい方」について、少々、考えてみたいと思います。

人生において、自分という存在と一番長くつきあっていかなければならない存在は、友だちでもなければ、家族でもありません。それは、ほかならぬ自分自身です。

私たち人間には、「今ここにいる自分」と、それを見つめている「もう一人の自分」がいます。私たちの人生において、「今ここにいる自分」ともう一人の「見つめる自分」は、いつも一緒にいます。「今ここにいる自分」にとって、もう一人の「見つめる自分」は、人生最大のパートナーであるといえます。「今ここにいる自分」と、もう一人の「見つめる自分」は、二人で一つの存在なのです。

「今ここにいる自分」は、最大のパートナーであるもう一人の「見つめる自分」が、いつも温かい慈愛の目で見守ってくれていると、心から癒《いや》されます。よき伴侶《はんりょ》に支えられて、本来の自分のもっている能力をいかんなく発揮することができます。しかし、「今ここにいる自分」は、もう一人の「見つめる自分」がうまく支えてくれないと、安心して生きていくことができません。自信をもって行動できないのです。

それは、たとえていえば、野球でいう投手と捕手《ほしゅ》のバッテリーの存在に似ています。ピッチャーは、陰で支え、うまくリードをしてくれる良き伴侶としてのキャッチャーがいて、実力どおりの投球ができるのです。ピッチャーは、キャッチャーの支えなしでは、存在感を高めることはできません。

ピッチャーは「今ここにいる自分」、キャッチャーはもう一人の「見つめる自分」であるといえます。「今ここにいる自分」の資質を最大限に発揮していくためには、もう一人の「見つめる自分」の好リード、つまり、温かな支えが必要なのです。

自分を責めないこと

私たちの心がふさぎこんでいる場合には、本来、最大のパートナーでなくてはならないはずの「今ここにいる自分」と、もう一人の「見つめる自分」とがうまく噛《か》み合っていないことが多いようです。投手と捕手の息が合っていないと、投手は本来の投球ができません。捕手が投手の資質を最大限に発揮させようとする努力を怠《おこた》ると、たとえ、投手がどんなに豊かな才能に恵《めぐ》まれていたとしても、人生という舞台でのたくさんの試合に勝つことはできないのです。

ふさぎこみやすい人に共通していることは、「自分を責《せ》める」ということです。「自責の念」が強いということです。楽観的に、前向きに考えるというよりも、自分のふがいなさに目がいくあまり、自分を責めるという行為に走りがちです。必要以上に、自分をいじめるのです。過去の自分に執着し、自分で自分を許すことができないのです。心が不健康でふさぎこんでいるときは、自分なんかいても何の価値もない、いてもいなくても同じだという歪《ゆが》んだ心理が強く働くのです。自分を責めるということは、第4章4「I am OK. You are OK. の人生を！」でふれているように、「I am not OK.」という状態にほかなりません。

自分を責める傾向にある人は、真面目で几帳面《きちょうめん》、そして責任感が強い人に多く見受けられます。性格上、多くの仕事をかかえこみ、果敢《かかん》に挑戦し、徹底してやろうとするのですが、いざ自分の思いどおりに事が進まないとなると、ふがいない自分を責め始めるのです。あげくの果てには、他人をも責めてしまうということも決して少なくありません。

苦しみと不安という暗闇《くらやみ》に、すっぽりと入りこんでしまうと、「自分はもう駄目《だめ》だ」という虚無感《きょむかん》や、自分という存在そのものを否定する気持ちに陥《おちい》ってしまうのです。こうした心理は、そもそもは、無意識の中で、自分と他人とを比べていることに起因していると考えられます。そのようなときには、うまく自分を休ませるということが必要になってきます。

自分を責めるということは、「今ここにいる自分」の欠点だけを、もう一人の「見つめる自分」が凝視《ぎょうし》しているということにほかなりません。もう一人の「見つめる自分」が、「今ここにいる自分」をうまく支えられないと、互いの信頼関係が崩《くず》れ、「今ここにいる自分」が、本来の力を発揮することができなくなってしまいます。キャッチャーがピッチャーの欠点ばかりに目がいき、持ち味をうまく引き出せないと、ピッチャーはすくんでしまいます。

「今ここにいる自分」が能力をいかんなく発揮していくためには、もう一人の「見つめる自分」の温かな眼《まなこ》が不可欠なのです。もう一人の「見つめる自分」が、「今ここにいる自分」の良さを認め、肯定的な評価を与えてあげることで、「今ここにいる自分」は自信を回復し、本来の力を存分に発揮できるのです。「今ここにいる自分」の失敗や弱さだけに目をやるのではなく、努力している自分にもしっかりと目を向けてあげるのです。自分とうまくつきあうということは、そういうことをいうのではないでしょうか。

自信を失いかけている投手の能力を引き出すためには、ときに捕手は、タイムという適度な休憩《きゅうけい》をとってマウンドに歩《あゆ》み寄り、元気づけてあげることも必要なのです。あるいはまた、投手が緊張しているときには、あえてストライクゾーンを大きくはずれる球を投げさせたりすることで、間合いをとり、緊張をときほぐしてやるということもあっていいでしょう。第2章4「大切な心のリセットボタン」でもふれているように、ときには現実を離れて、疲れた心をリセットするということは、とても大切なことであるといえます。

しなやかに生きる

ともすれば、自らの沈みこみがちな心と向き合い、うまくつきあっていくためには、「しなやかに生きる」ということが、とても大切になってくると思います。

落ちこんだり、自分の嫌《いや》な面だけが見えてしまって、不安に苛《さいな》まれるといったことは、自分だけではない、誰にでもあることなんだと思えるだけの開き直りが必要です。そして、沈みこんでいる今の自分も、かけがえのない大切な大切な自分として受け入れてあげられる心のしなやかさが必要です。今のありのままの自分を受け入れられる、どんな自分とでもうまくつきあっていけるというフレキシブルな心が大事です。

沈みこんだ状態というのは、後ろだけを見つめているのと同じです。ただ来た道だけを振り返っているのです。しかし、私たちには、まだ先があります。未来があります。もっと前を見つめていくことが大事です。いつまでも立ちどまって、過去に目をやっているのではなく、未来を見つめて進んでいくことです。

そのためには、関心を自分の内側だけに向けているのではなく、外に向けていくことです。苦しいときや落ちこんでいるときは、性急に答えを出そうとしないことです。考えにふけってばかりいるのではなく、まずは、何か一つ、自分のために行動を起こしてみることです。行動する理由は何か？　などと、深く考えなくてよいのです。気分が沈みこんでいるときは、人のためにではなく、まずは、何よりも自分自身のために行動を起こしてみてはいかがでしょう。

具体的には、自分のやりたい趣味に没頭して、欲求を解放してあげることがあっていいでしょう。ガーデニングの好きな人は、ガーデニングを思う存分楽しんでください。大好きな音楽を聴《き》いたり小説を読んだりできる、誰にも侵《おか》されない自分のためだけの時間をしっかりと確保することも大切です。たまには、ショッピングを楽しんだり、食べ歩きをして、少々、無駄《むだ》づかいをしたっていいではないですか。ドライブや旅行に出かけて自然にふれるということも、とてもすばらしいことです。運動をしてからだを動かすということは、心をリフレッシュする上で大きな効果があると思います。友だちとたわいないおしゃべりにふけることも立派な行動の一つです。

こうした行動は、自身を、過去の呪縛《じゅばく》から解放していく上で、とても大切なことであると思います。ともかく一歩でも前へ足を踏み出すということ、何か一つでもいいですから、まず行動を起こすことです。行動を起こすということは、過去と決別をするということでもあるのです。

しなやかに生きるということは、一つのことに対するこだわりから自分自身を解放し、外に目を向けることで、若々しく清々《すがすが》しい心を保つということにほかなりません。好奇心をたやさずに、自分らしさや自分の色を誰よりも大切にしながら生きることです。そのことが次への大きなステップとなって、希望という名の新たな未来へのエネルギーが充電されていくのだと思います。

第4章

「人間として生きる」

1　人生と「ペルソナ」

「キャラクター」とは

皆さんは、「人格」という言葉をご存じですね。日ごろの生活の中では、私たち日本人は、「人格」という言葉と、「性格」という言葉とを区別して用いるということはほとんどないように思います。ただ、強《し》いていうならば、「人格」という言葉を用いる場合には、道徳的、社会的な意味合いで使用する傾向にあるようです。

たとえば、私たちは「あの人は人格者だ」というような言い方をすることがあります。その場合、「人格者」という表現には、「徳のある人」「品性が立派であること」という道徳的な意味合いが含まれています。

ところで、心理学の観点からみますと、「性格」を意味する英語の「キャラクター(character)」には、元来、「刻《きざ》みつけられた印《しるし》」という意味があります。つまり、木像や石像のような彫像《ちょうぞう》が、あたかも原木や原石を彫《ほ》り刻《きざ》むことで形づくられていくように、性格もまた、原木や原石に相当する先天的な気質と、木や石を彫り刻むという営《いとな》みに相当する後天的な環境との双方の影響を受けて、形成されていくと考えられます。遺伝と環境の両方の影響を受けて、形づくられていくのが「性格」であるといえます。

性格の描写といえば、有名なギリシャの哲学者テオプラストス(Theophrastos)の著書『人さまざま』が、頭に浮かんできます。テオプラストスは、師アリストテレスの学園を継承発展《けいしょうはってん》させたことで、よく知られています。彼は、折りにふれて、自分自身と友人たちの楽しみのために、人間の性格の短いスケッチをしました。

たとえば、「けち」――これは、度を越《こ》して、出費の出し惜《お》しみをする人のこと。客が来て、一緒に酒を飲んだときには、客が、何杯お酒を飲んだかを数えている人、品物を買いに出かけても、結局は、何も買わずに帰ってくるような人のことを、このように呼ぶそうです。

「お節介《せっかい》」――これは、言葉や行動を問わず、気が良すぎて、何でも引き受けすぎる人のこと。自分の手にあまることを、まわりから求められてもいないのに買って出る人のことをいう、と彼は綴《つづ》っています。

さらに、テオプラストスに言わせれば、抑制のきかぬ話しぶりをする人のことを「おしゃべり」というのだそうです。ばったり道端《みちばた》で出くわした知人が、彼女に話しかけようものならば、もう相手をつかんではなさない性格の持ち主のことをいうようです。

「へそまがり」――これは筆者のことではありませんよ。言葉づかいの点で態度の無礼《ぶれい》な人、道を歩いていて石につまずきでもすれば、きまってその石に悪態をつく性格の人のことを、こういうのだそうです。テオプラストスの性格描写は、ウイットにとんでいて、思わず、笑いがこみあげてきます。

語源としての「ペルソナ」

さて、こうした「性格」に対して、「人格」を意味する英語の「パーソナリティ（personality）」という言葉は、どちらかといえば、「社会での役割」、あるいは「役割性格」という側面を強調した言葉であると考えられます。Personalityという綴《つづ》りには、personという「人」を表す言葉が含まれているように、「人」と最もかかわりのある言葉であることがわかります。

ところで、このパーソナリティの語源は、ラテン語の「ペルソナ（persona）」であることはよく知られています。ペルソナには、「役者の面」、「仮面」、また「演技者」や「俳優」という意味があります。古代ローマにおいては、舞台で、役者が演じる際には、役柄を観客にわかるようにするために、「面」をつけて役割を演じました。その面がペルソナです。

こうしたことから、役者がつける「面」をあらわすペルソナには、①人が他人に対して表す姿、②人が人生において演じる役割、③人を、それぞれの仕事にふさわしくさせる総合的な個人的特質、④人を他人と区別する特有の威風《いふう》という意味が含まれています。また、広義《こうぎ》には、ペルソナという言葉は、広く、人の外面的な姿や服装、さらには、女性がするお化粧《けしょう》、肩書《かたがき》という意味もあります。

こうした語源としてのペルソナの意味からもうかがえるように、パーソナリティは、本来、「社会的役割」や「役割性格」を意味する言葉なのです。つまり、パーソナリティには、人が社会という舞台で果たす役割という意味があります。

役者が舞台で役割を演じるように、私たち人間もまた、社会という舞台で、それぞれの役割を担《にな》って生きているといえます。言い換《か》えますと、一人ひとりが、人生という舞台で、オンリー・ワンとしてのかけがえのない役割を演じているのです。人生は、まさに劇場そのものであるといえます。

人間とペルソナ

私たち人間が、社会で生きていくということは、仮面をつけて生きるということにほかなりません。つまり、俳優が舞台上で役柄を演じるように、私たちの場合にも、社会という舞台で、仮面をつけて役割を演じることが求められます。

学校の先生は、先生という仮面をつけて、先生らしく人間性豊かに行動することで、社会での役割をきちっと果たしていく必要があります。また、女優は、女優という仮面をつけて、大衆の前で美しく着飾り、常に上品に振る舞うことで、役割を果たしています。看護師は、やさしく親身《しんみ》になって患者に寄《よ》り添《そ》い、尊敬や信頼を勝ち得るなかで、自らの役割をまっとうしていく必要があります。このように、仮面は、人が社会での役割や責任を果たしていく上で、必要不可欠なものなのです。

ただ、私たちが社会という舞台でつけている仮面は、一つではありません。あるご婦人は、昼間は、ヘルパーという仮面をつけて、多くのお年寄りの介護をしておられます。しかし、夜、自宅に戻ると、二児の母親という仮面をつけ、子どもたちのために夕食を作り、お風呂の準備をしてあげます。同居しているおばあちゃんと話をするときには、娘という仮面につけかえてやさしく語りかけることでしょう。また、ご主人の世話をするときには、妻としての仮面につけかえるというように、人は、幾つもの仮面をうまくつけかえることで、社会での役割を果たしているといえます。

人間が社会に適応していくということは、このように、時と場所に応じて、幾つもの仮面をうまくつけかえていくことをいうのです。

それは、あたかも、優れた役者が、台本に応じて、幾つもの役柄を自在に演じる姿に似ています。いい役者は、いろいろな役回りを演じることができるように、社会的に適応している人は、役割としての仮面をしなやかにつけかえながら、生きています。私たちは、人生という大きな舞台で、それぞれの役割を、しなやかに演じきる名優でありたいものです。

ところで、このパーソナリティの語源である「ペルソナ」の意味から、私たちが心のバランスを崩《くず》している状態について考えてみますと、心のバランスを崩すというのは、がんばって一生懸命に生きてきた人が、ストレスで次第に疲労が蓄積し、社会で仮面をつけて生きていくことが嫌《いや》になり、面倒くさくなって、仮面を取り去ってしまった状態であると考えられます。

私たちが心のバランスを失っているときは、理由もなく突然、悲しくなったり、人と話していても、急に涙がこみあげてきたりすることがあります。場所をわきまえず、大声で泣き叫ぶという経験をされた方もおられると思います。このように、心のバランスを崩しているときは、人間としての本音《ほんね》があらわになった状態であるといえます。ありのままで繕《つくろ》わない、最も人間らしい姿が表出した状態であるといってよいでしょう。

私たちが心のバランスを崩しているときは、仮面を取りはらった状態ですから、人に本音で語りかけ、本音で周囲の人々と接します。ですから、ときに、まわりの人に、迷惑をかけたり、つらい思いをさせたりすることにもなるのです。心のバランスを崩している状態を、否定的にとらえるのではなく、そのように理解し、見ていくという人間観が、これからは、ますます重要になってくるように思います。

2 二十一世紀を女性の時代に

「男らしさ」と「女らしさ」

心理学の中に「両性具有（bisexuality）」という言葉があります。この言葉には元来、人間という存在は「男性性」と「女性性」の両方の性質を兼ね備《そな》えているという意味が含まれています。私たちは、もともとは男性性と女性性という二つの性質をあわせもっているのですが、成長を遂げ、社会という環境への適応をはかっていく過程で双方の性質が分割され、男性は、慣習的に世の中で「男らしい」という性質を、女性は、「女らしい」性質を次第に獲得していくというわけです。

このような考え方は、見方をかえれば、生来《せいらい》、世の中のあらゆる男性の心の奥底には

「女性性」が、逆に、すべての女性の心には「男性性」が潜《ひそ》んでいるということを私たちに教えてくれています。

ユング（Jung, C.G.）という心理学者は、こうした男性の心の中に潜む女性性を「アニマ（anima）」と呼び、女性の心の中に潜む男性性を「アニムス（animus）」と名づけました。「アニマ」は男性の心の中でイメージされる女性像を、「アニムス」は女性の心の中でイメージされる男性像であるといってもいいでしょう。

女性の中の「アニムス」

一般に男と女の違い、つまり性差ということを問題にする場合、女性という存在は母性という言葉に象徴されるように、やさしさや思いやり、いたわりや養護性《ようごせい》、包容力《ほうようりょく》といった特徴をそなえているといえます。しかしながら、こうした性質をもつ女性にも、心の奥には「アニムス」という男性性が潜んでいます。

最近では、時代の変化とともに、自らの心の中に潜む男性性を意識し、これまでの女性というイメージの枠《わく》にとらわれずに、個性的な生き方を目指す女性が確実に増える傾向にあります。

多くの企業でも、才能のある女性や役職者が増えてきました。大型トラックや電車の運転に従事する女性も出てきました。政治の世界でも、国内外を問わず、重要なポストを担《にな》う女性の政治家が確実に増えつつあります。教育の世界でも、管理職に女性教員が就《つ》く割合が高くなってきました。世界がかかえる環境問題や平和問題の解決に向けて積極的に対処していこうとする、女性学者や平和運動家も数多く誕生しつつあります。

本来の女性のセンスや持ち味に男性性が加わることで、社会における女性の活躍の舞台が、大きく広がりつつあるということを実感します。アニムス的な生き方を志《こころざ》す女性は、行動力、実行力に優れ、何ごとにも積極的で、頭脳も明晰《めいせき》。冷静さもあり、世の男性と対等に仕事をすることに大きな魅力を感じています。

これまでは、女性のイメージといえば、ともすれば、やや衝動的で論理性に欠け、抽象的なことを嫌うなどのマイナス面ばかりが浮き彫りにされる傾向が否《いな》めませんでした。しかし、アニムス的な生き方を志向する女性は、元来の女性としての持ち味であるやさしさや包容力、明朗性、温かさや辛抱《しんぼう》強さに加えて、男性性という内なる潜在的な特性をいかんなく発揮することで、見事に欠点を克服し、活躍の舞台を大きく広げつつあります。

現在、私は、大学で社会人対象の通信教育の授業も担当していますが、そこでは、とりわけ、ご婦人方の学習意欲が旺盛《おうせい》で、各種の資格を取得されたり、国内外の大学院へと進学される方もかなり増えてきました。総じて、一般の女子学生の場合にも、成績優秀で、社会で活躍する学生が目立つようになってきました。

新しい世紀と女性の役割

高学歴化が進む中で、女性の社会的地位もまた、確実に上昇しつつあるといえます。女性の社会進出によって、最近では、共働きで子どものいない「DINKS（double income no kids）」と呼ばれる夫婦も多くなりつつあります。

今後は、二十一世紀の新しい女性像について、ますます強い関心が寄せられていくことでしょう。アニムス的な女性の生き方は、時代の趨勢《すうせい》であるといえます。もとより、家庭を支えるということは、女性の大切な役割の一つであることに違いはありませんが、家庭だけが女性の唯一の居場所である時代は、明らかに終わりを告げたといっても過言ではありません。

ただ、そうした女性の生き方が大きく様変わりしていく時代にあっても、冒頭で述べたような、女性本来の持ち味である慈愛や思いやりの心、明朗性や感受性の豊かさをいかんなく発揮していくことが、二十一世紀を物質至上主義の社会から心豊かな精神社会へと転換していく上で、不可欠であると思います。人間社会を潤《うるお》いのあるものにしていくためには、本来の「女性性」は欠かせないものなのです。

そして、女性のもう一面でのすばらしさは、耐性《たいせい》や堅実性に富み、現実的で真面目《まじめ》、真剣であるという点で、男性を凌駕《りょうが》しているということです。このような女性の辛抱強さや現実直視の能力、姿勢こそが、先行き不透明な不確実性の時代にあって、何より大切な資質であるといえるのではないでしょうか。

人類的課題が山積し、ますます混迷《こんめい》の度を深める二十一世紀は、間違いなく女性の力が必要な時代であり、アニムス的な女性の生き方が強く期待される時代であると思います。

3 「信頼」を売る女性、「信用」を売る企業！

「信頼感」の獲得と乳児期

大手企業の製品管理の不備や政治家の不祥事《ふしょうじ》、警察官や教師による反道徳的な行為によって、権威そのものが失墜《しっつい》し、人間の傲慢《ごうまん》さや愚かさだけがむき出しになった社会……。「モラル・ハザード（moral hazard）」、すなわち、「倫理崩壊」という言葉に象徴されるように、「信頼」や「信用」の二文字が音を立てて崩《くず》れつつある現代にあって、私たちの倫理やモラルのあり方があらためて問われているといえます。

元来、人間関係は、相互の「信頼」によって維持され、成り立っているといえますが、こうした信頼関係の土台は、いつごろ、どのような過程を経《へ》てつくられるものなのでしょうか。

心理学では、生後一歳半ころまでの乳児期の段階を「口唇期《こうしんき》」と呼んでいますが、他者との信頼関係の基盤は、この口唇期を中心に形成されます。

この時期、赤ちゃんは、口唇《くちびる》をとおしてお乳《ちち》を授《さず》かり、母親との心の交流によって、人間が人間として成長していく上において、最も重要な「基本的信頼感」を獲得していきます。つまり、赤ちゃんは、母親からの愛情を一身に浴びることで、人格形成の基礎、骨格ともいうべき一体感や安心感を体得していくのです。

不可欠な「やまびこ体験」

このようにみてくると、母親、すなわち、女性の存在は、人間の心の土台を築き、成長を支えていく上で、きわめて大切な役割を担《にな》っていることがわかります。

赤ちゃんは無力な存在ですから、自らの力で空腹感を満たしたり、オムツの不快感を取り除くことはできません。そこには、母親という信頼するに足る存在が必要なのです。この時期の母親には、赤ちゃんの依存欲求や甘えを十分に満たしてあげること、すなわち、子どもが母親を信頼しようとする心に対して、お母さんは誰よりも強い信頼でもって応《こた》えてあげることが求められます。心理学では、こうした母親との交流体験のことを「やまびこ体験」と呼んでいます。

あたかもそれは、山登りの最中に、大きな声で「おーい」と叫ぶと、自《おの》ずと向こうの山あいから「おーい」という響《ひび》きがはねかえってくる様子に似ています。人間は、生後まもないこの時期に、信頼するに足る母親の存在をとおして、他者を信じる心を獲得していくのです。

女性の役割、企業の使命

赤ちゃんが信頼感を獲得していく過程で、「心の安全地帯」としての母親の愛情豊かなかかわりや言葉かけが不可欠であるように、現代社会に信頼を回復させ、人々の心に潤《うるお》いを与えていく上で、とりわけ、女性の言動は、きわめて大きな影響力をもっているといえます。その意味で、女性の役割は、今後、ますます重要性を帯《お》びてくることでしょう。人間の健全な精神的成長発達、すなわち、人間が人間を信頼できる力は、母親を中心とした女性の存在によって育《はぐく》まれていくといっても過言ではありません。

本来あるべき人間関係とは、言葉や行動を媒体《ばいたい》にして、相互に「信頼」の二文字を得るものでなくてはなりません。そもそも、「信」という字には、「あざむかない」「言をたがえない」「偽《いつわ》りがあってはならない」という意味が含まれています。

「信」はまた、「人」と「言」という字の合字でもあります。私たちの日々の人間関係は、言語を中心としたコミュニケーション活動で成り立っています。人間が真に信頼関係を築くためには、私たちが発する言葉に、嘘《うそ》、偽りがあってはなりません。

このことは、広く「商《あきな》い」だけでなく、仕事全般についてもいえることではないでしょうか。企業は、優《すぐ》れた製品づくりや日々の顧客《こきゃく》への対応をとおして、社会に「信用」の二文字を売っているということを忘れてはならないと思います。単に、自社の利益の追求だけに終始するのではなく、「信用を販売する」という「商い」の原点ともいうべき企業哲学が、ますます重要になってくると思います。これからの時代は、単に商品の販売や利潤追求だけにとどまらず、社会にどのように貢献できるかということが、ますます問われてくるのではないでしょうか。

仕事をとおして「信用」(credit)を売るということは、単に企業の名声を高めるにとどまらず、社員一人ひとりにとって、最大の「栄誉」(personal honor)でもあるということを、しっかりと肝《きも》に銘《めい》じていきたいと思います。

4　I am OK. You are OK. の人生を！

「OKである」「OKでない」

これまで何度も紹介してきた心理学の交流分析理論では、私たちがもっている自分や他人、社会に対する基本的態度のことを「基本的構え」と呼んでいます。「基本的構え」とは、個人がたずさえている自己像や他者像といってよいでしょう。別の言葉でいえば、人がもっている自分自身に対する見方を意味する「自己概念」や、他人に対する見方を意味する「他者概念」を総称《そうしょう》して、「基本的構え」といいます。

交流分析理論によれば、「基本的構え」は、乳幼児期の親子関係の影響を強く受けて形成されると考えられています。親から、どの程度の「ストローク」、つまり、温かい言葉かけやボディコンタクト、心の栄養をもらったかによって、心の構えができあがっていくというわけです。

自分や他者のことが「OKである」か、「OKでない」かということは、人が、社会で生きていく上で、きわめて大きな意味をもっています。では、「OKである」ということは、どういうことなのでしょうか。それは、優れている、有能である、自信がある、健康である、強い、生きている実感がある、充実している、楽しい、魅力的である、人の役に立っている、愛されているといった肯定感に支えられた構えのことをいいます。

これに対して、「OKでない」ということは、どういうことでしょうか。それは、劣っている、才能がない、不安である、健康を害している、弱い、生きている実感がない、人生にハリがない、役立たない、魅力に欠ける、愛されていないといった、否定的感情に裏打ちされた構えのことを指しています。

四つの「基本的構え」

こうした自分や他人に対して「OKである」か、「OKでない」かによって、私たちの「基本的構え」は、大きく四つに分けられます。その一つが、「自己否定・他者肯定」（I am not OK. You are OK.）という構えです。自分のことについてはOKではないが、他人はOKという考え方です。「I am not OK.」ですから、他人と比べて自分が劣るという感情を強くいだいています。このタイプの人は、対人関係の面では、一般に、逃避的《とうひ》で回避的《かいひ》になる傾向があります。人との接触や交流を避《さ》け、孤立しがちなタイプの人です。憂うつな気分になりやすい人、落ちこみやすい人がもつ構えです。劣等感や人に対する恐怖感とも関係してくる構えであると考えられます。

このような構えの人は、小さいころから、親や周囲の大人から称賛され、大切にされてきたという実感が希薄であるために、自分は無力である、尊敬されていない、駄目な存在だという思いが強いようです。

基本的構えの二つ目は、「自己肯定・他者否定」(I am OK. You are not OK.)という構えです。この構えは、概《がい》して、独善的で、優越感が強く、野心家に多いといえます。人に対して支配的で、まわりの人を疑ってかかるタイプです。自分の肌に合わない人を排斥《はいせき》してかかる傾向にあります。他人に対して、拒否的で、排他的《はいた》であることが特徴です。他人は、自分の思いどおりになると考えています。

このタイプの人は、小さいころ、母親から十分な愛情が得られないままに育ち、そうした環境に耐《た》え忍《しの》んできたために、その反動で、自己愛的な感情が強まったと考えられます。

三つ目は、「自己否定・他者否定」（I am not OK. You are not OK.）という構えです。この自他否定の構えの人は、根底に、人間に対する根強い不信感があります。人生そのものに価値を見いだすことができず、すべてに虚無《きょむ》的です。自分に対しても、他人に対しても、価値を見いだすことができません。自己破壊的で、あらゆることを拒絶《きょぜつ》する傾向にあります。

こうした構えができあがった背景には、乳幼児期の母子関係において、母親から肯定的なストロークが与えられなかったことや、母親に対する信頼の感情を獲得しないままに大人になったことが考えられます。

これらの三つの構えに対して、もう一つの基本的構えが、「自己肯定・他者肯定」（I am OK. You are OK.）です。この構えの人は、対人関係の面では、きわめて開放的で協調的です。他者との共存を志向する、理想的な構えの人であるといえます。真に、人間を尊重できる人です。自分に対しても、他者に対しても、肯定的感情をいだいているこのタイプの人は、人間関係の中で、他人からも多くのことを学び、大きく成長を遂《と》げていきます。

まず何よりも、自分の存在や生き方、これまでの仕事や社会的活動を肯定的に評価できる、自身の長所を見つめられるということ。その上で、まわりの人々の存在も認め、考え方を尊重できる生き方こそが、人の心を大きく育《はぐく》んでいくといえます。「I am OK.」「You are OK.」そして、「We are OK.」の人間観が、今、何よりも求められているといえるでしょう。

自身への「値引き」をなくす

とはいえ、一昔前《ひとむかし》に比べ、現代は、情報化の波が押し寄せ、自然破壊が進み、住環境や家庭環境もまた大きく変化する中で、人間関係をうまく育んでいくことが、きわめて難しくなりつつあります。そうした中で、すでに、第3章でふれてきたように、ストレスを溜《た》めこみやすいのが、現代人であるといえます。

こうしたストレス社会にあって、私たちは、ともすれば、これらの四つの基本的な構えのうち、一つ目の「自己否定・他者肯定」と、三つ目の「自己否定・他者否定」の構えに陥《おちい》りがちなのではないかと思っています。この二つの基本的構えに共通しているのは、いずれも自分自身を否定的に見ているということです。

人間、悩みをかかえ、不安があるときには、どうしても自分という存在を否定的な目で見てしまいがちです。つまり、前述のストロークという言葉を使って表現するならば、自分で自分を非難するかたちで、自身に否定的なストロークを与えている状態であるといえます。

こうした自分自身に対して否定的ストロークを与えることは、交流分析理論における別の言葉を用いて説明しますと、自分自身を「値引きする（discount）」ということになります。自分を「値引きする」、「ディスカウント」するということは、自分自身のことを過小評価することにほかなりません。あるいはまた、自分の長所や良さに気づいていない状態が「値引き」であるといえます。「私にはできません」「私は、それが苦手《にがて》です」「私が悪いのです」「それは私のせいです」「私は駄目《だめ》な人間です」というように……。

もちろん、「値引き」には、前述のような自分に対する「値引き」のほかに、「あなたのせいです」「あなたは必要ありません」といった他者に対する「値引き」や、「こんな環境だから駄目なんです」「わずかな予算だから駄目なのです」といった周囲の状況に対する「値引き」もあります。

しかし、さまざまな問題を打開していく上で、最も大切なことは、自分自身に対する

「ディスカウント」や否定的なストロークをなくしていくということなのです。自分に対する「値引き」は、沈みこむ心や元気をなくした心、不健康な心をつくりあげていきます。

その意味で、私たちはまず、自らの存在価値を認め、肯定的に評価できる自分づくりを心がけたいものです。自分自身にOKの感情を与えられること、もっというならば、自分を好きになること、自分に自信をもつことが、協調的で創造的な人間関係を築きあげていく大切なポイントであるといえます。

失敗やつまずきは、気持ちを切りかえて、忘れるようにする。そして、自分の良い点を見つめ直し、長所を信じることで、自信への回復につなげていくことです。何よりも、まわりの人々からの自分に対する称賛や肯定的ストロークを大切にし、感謝することを忘れないこと――そのことが、間違いなく、自己認知を変えていくことになるのです。

相手の長所を見つめる

時代が移り、社会がどんなに進歩を遂げようとも変わらないもの――それは、人と人との関係を維持していくことの難しさであると思います。

最も身近な人間関係に悩み、不安をいだいている人は、一部の人だけではありません。偉《えら》いお医者さんや政治家然《しか》り、人々の相談にのる弁護士や人を裁《さば》く裁判官だって、あるいは、子どもや心の専門家である学校の先生やカウンセラーだって、誰もがかかえている問題なのです。それは、年齢や性別、立場を超《こ》えて、生あるかぎり、あらゆる人々に共通の課題であるといえるでしょう。

私たちは、日々の人との出会いの中で、暗黙《あんもく》のうちに、お互いに評価をし合って生きているところがあります。そこでは、不思議なことに、相手の長所よりも、短所のほうに目がいきがちであることも確かです。「彼女はそそっかしいから困る」「先輩は自分にやさしいが、人には厳しい」「あの子はおしゃべりだから歩くスピーカー」というように、私たちが日ごろ、口にする言葉は、いずれも相手のプラス面よりも、マイナス面に注意が向いていますね。つまり、前述の交流分析の表現を用いるならば、他人に対しても、「値引き」をおこなっていることがよくあります。なぜでしょうか。

それは、誰の心の中にもある過度な自尊心《じそんしん》や優越感情に由来《ゆらい》するところが大きいようです。心理学では、こうした極端な自己びいきの習性によって、相手の欠点を浮き彫りにしようとする傾向のことを、「否定性効果（negativity effect）」と呼んでいます。

すでに、第2章7では、ドイツの「ゲシュタルト心理学」の考え方を、皆さんに紹介してきました。そこでは、自分の意識や注意が向いている部分を「図」といい、意識や注意が向いていない部分が「地」であると述べました。ゲシュタルト心理学における「図」と「地」という言葉を借りるならば、人間関係における「否定性効果」とは、相手の短所や欠点を「図」として浮き彫りにした状態であるといえるでしょう。

第2章7では、狭く小さい領域は「図」になりやすいということについてもふれてきました。これは、自分だけではなく、他人を評価する場合にも、あてはまるのではないでしょうか。日々の人間関係の中で、ともすれば、私たちは、相手のほんの少しの欠点に注意が向きがちです。相手の短所にだけ目を向け、それを「図」にしているうちは、相手の良さが「地」として後退してしまい、その人本来の良さや持ち味を見落としてしまいがちです。

アメリカのカールソンは、よりよい人間関係を築いていくためには、「毎日、少なくとも一人、いいところをほめることだ」と具体的に助言しています。そもそも、私も含めて、人間という存在は、人からほめられたいという思いに、常に支配されている動物なのです。

にもかかわらず、みんなそうなのですが、ほめられた経験は以外に少ないものです。

かつて、ある小学校の先生が、年度終わりの三月に、この一年間で、先生からほめられたことについて、クラスの児童にノートに自由に書かせたところ、書けたのは三八名中わずかに二名。残りの三六名は、誰も先生からほめられた経験がないので書けなかったという事実を知り、大いに反省をしたと語っておられました。このように、相手の長所をたたえるということは、心の通《かよ》い合う人間関係をつくりあげていく上で、きわめて重要です。お金もかからず、誰もが手軽にできて、しかも効果は絶大です。

日々の人間関係をより豊かなものにしていく秘訣《ひけつ》は、相手の短所よりも長所に目を向ける努力、すなわち、相手の長所を「図」にしていく努力、「You are OK.」であると相手をたたえていく気遣《きづか》いを惜《お》しまないことであると思います。「そそっかしいかもしれないが、面倒見の良さには頭が下がる」「厳しい先輩だが、実務能力はナンバーワンだ」「あの子の笑顔は最高！」「まだまだ荒削《あらけず》りだけれども、将来は、必ず大成するだろう」「控《ひか》えめな人だが、本当に信頼できる人だ」というように、相手の長所や優れたところを発見し、積極的に評価し、たたえようとする心の広さ、大きさが、人間関係を真に潤《うるお》いのあるものにしていくのです。

自分だけでなく、自分も他人も肯定できる「I am OK.」「You are OK.」の構え、自他を尊重する人間観を、ともどもに育《はぐく》んでいきたいものです。

5　二十一世紀と「自律」

山積する「地球的問題群」

早いもので、西暦二〇〇〇年の幕が切って落とされて、すでに、十年以上の歳月が経過しました。約七〇億といういまだかつてなき数の人々を乗せた客船「地球号」は、二十一世紀という大海原《おおうなばら》に向けて、今まさに果てしなき航海に乗り出しました。この大航海の未来に、どのような荒波が待ち受けているのか、おそらくは乗客の誰もが予測し得ないにちがいありません。

残念なことに、私たち人類は、あまりにも多くの、そしてあまりにも重い宿題を二十一世紀へと持ち越してしまいました。これだけ科学技術が進歩し、物質的に豊かな時代になっても、国家と国家が衝突し、民族間の紛争もまた絶《た》えることのない現代社会。食糧問題や人口増加、エネルギー問題もまた依然として未解決のままです。

私たちの生活に最も身近なゴミ処理や大気汚染《おせん》、地球温暖化に象徴される環境問題もまた、きわめて憂慮《ゆうりょ》すべき事態にあるといえます。日本をはじめとする先進国では、犯罪やいじめ、学級崩壊《ほうかい》、児童虐待《ぎゃくたい》に象徴される青少年問題、さらには、心の症状の増加が深刻になっています。今日ほど、地球的規模での問題が山積している時代はないといっていいでしょう。

「セルフ・コントロール」を欠いた現代人

私たち現代人は、恵《めぐ》まれた環境の中で、自分にとって嫌なことや不快なこと、苦痛や困難をともなうことを避け、「快楽」や「便利さ」だけを追い求める生き方にすっかり慣れきってしまったようです。欲求のおもむくがままに、衝動的・刹那《せつな》主義的な生き方に埋没《まいぼっ》し、自分さえよければという自己中心的な考え方や、優越願望に歯止めをかけられなくなってしまいました。

地球的規模の問題群の背後に、共通に潜《ひそ》んでいるものは何か。それは自制心やセルフ・コントロールを欠いた国家や組織、自己責任能力を喪失《そうしつ》した人間の姿ではないでしょうか。アメリカの心理学者セリグマンの言葉を借りるならば、「個人主義の肥大化」(Big I)が進み過ぎた結果、「希薄な人間関係」(Small We)や他者の存在を省《かえり》みようとしない社会を生み出してしまったといえるでしょう。

現代は、ともすれば、利益中心の個人主義的な生き方が優先されがちです。個人的な欲求だけがエスカレートしつつあるのが、現代社会の特徴であるといっても過言ではありません。個人主義の文化のなかでは、仕事の失敗や人生における挫折《ざせつ》が、自己喪失感を増幅させていくことになります。

成長の証としての「自律」

ところで、精神分析理論では、人間の精神発達の過程で、幼児期がきわめて重要であることを示唆《しさ》しています。先にもふれましたが、幼児期はおよそ生後一歳半までの「口唇期《こうしんき》」と、三〜四歳ころまでの「肛門期」、六〜七歳ころまでの「男根期」の三つの段階に大別されます。それぞれの発達段階では、子どもが健全な成長を遂げていく上で、達成しなければならない発達的課題があることに言及しています。

たとえば、「口唇期」では、母親の赤ちゃんに対する授乳《じゅにゅう》活動や、温かく抱きかかえる、微笑《ほほえ》みかけるといったかかわりをとおして、乳児は、人を信頼できるという感覚、周囲には信じられる人がいるという感覚、すなわち、「基本的信頼感」の獲得という発達的課題を達成していく必要があります。

同様に、肛門期では、母親による大小便のしつけをとおして、それまでのオムツの中での勝手気ままな排泄《はいせつ》から、トイレという一定の場所での排泄を学習することが重要な発達的課題となります。トイレット・トレーニングをとおして、子どもは、世の中には守らなければならないルールや規則があることを知ります。つまり、子どもは、トイレット・トレーニングをとおして、社会で生きていくためには、我慢《がまん》や辛抱《しんぼう》すること、自らを抑制《よくせい》し、コントロールする力や自律心が不可欠であることを学んでいくのです。

求められる「自律」ある生き方

こうした考え方は、人間が社会の中で生きていく上で、自律心を育《はぐく》んでいくことがいかに重要であるかということを、私たちに教えてくれています。

それでは、私たちが自律ある生き方を可能にするためには、具体的にどのような点に留意《りゅうい》していく必要があるのでしょうか。それは、一つには、常に相手の側にたって物事を考えるように努力すること（共感性）、二つには、自らの行動に責任をもつこと（自己責任能力）、そして、三つには、何らかのかたちで社会に奉仕すること（社会的奉仕）であると思います。

このうちの社会的奉仕について、たとえば、前述のセリグマンは、先進国の人々の課題として、自己への投資を減らすことを提案しています。つまり、自分自身とかかわり過ぎることを控える、自分のためだけに費やすお金や時間を減らすこと、自分を少し捨ててみること、自分以外のものに投資することの価値について知る、自己中心主義の習慣を変えてみることの必要性について言及しています。

セリグマンは、個人主義だけでは、人生に意味を見いだせないことを知るべきだというのです。他人のために、時間や資金、労力を惜しんではならないといいます。そして、具体的に、自らの収入の五％を寄付行為に充《あ》てることを提案しています。誰に、どこに寄付をするかは自分自身で決める。親は、わが子に対しても、他人のためにお小遣《こづか》いなどの一部を差し出すことを教えるべきだといいます。

また、地域社会のために、ボランティア活動に参加することも重要であると述べています。週に一度でいいから、外食や買い物、趣味に費やしていたお金や時間を節約して、ボランティアに充ててみることもよいと思います。最近では、わが国の一部の企業でも、社員研修の一環として、夏季休暇を利用して、子どもや老人のためのボランティア活動をおこなうところも増えてきたようです。

新しい世紀を人間的で潤《うるお》いのある社会にしていくための鍵《かぎ》は、ひとえに、私たち一人ひとりが、自らの欲求をどう抑制し、コントロールできるかにかかっているといえます。その意味で、私たちは、人間としてどう生きるか、人生をどう創造し価値あるものにしていくかということを、常に、自らに問いかけていきたいものです。

6　自己実現的人間と「楽観主義」

マズローと自己実現

心理学の第三勢力と呼ばれているマズロー（A.H.Maslow）の理論は、今日のヒューマニズムを代表する理論であり、人間性の心理学としてよく知られています。従来の心理学の理論を代表するフロイトの精神分析の理論が、どちらかといえば、人間の病的な側面に目を向けるなかで、「病」から人間をみるという消極的な人間観に立脚していたのに対して、マズローは、人間の精神的な健康に目を向け、人間性を研究の主題とすることで、肯定的な人間観を展開しました。

彼の理論の特徴は、「欲求階層理論」といわれるように、「欲求」という観点から、人間を広く、深く追究している点にあります。マズローは、人間という存在は、生きていく上で、食物や水、睡眠などの生命維持に関する生理的欲求や、安全や安定、不安からの解放を志向する安全欲求が満たされる必要があること。これらの欲求が満たされた後には、孤立を避け、仲間や人々とのあいだに、愛情や信頼の絆《きずな》で結ばれた関係を求める愛情・所属欲求や、自尊心および他者から認められたい、評価されたいという承認欲求が生じるということに言及しました。そして、これらの欲求が充足された後に、最も高次の欲求である自己実現欲求が生じると考えたのです。

マズローのいう自己実現欲求とは、人間の能力や才能の可能性の開発に関する欲求であり、自らの資質を最大限に発揮しようとする欲求のことをいいます。自己実現的人間は、たえず成長しようとする成長欲求によって動機づけられているといえます。この成長欲求があるかどうかということが、人間と他の動物との決定的な違いであるといえます。

言い換えれば、常に向上心をたやすことなく、成長し続けようとするところに、人間としての「存在価値」（B価値）があると考えたのです。ちなみに、マズロー自身は、成長欲求をたやさなかった人物として、アメリカの第十六代大統領であったエイブラハム・リンカーンを最も尊敬していたようです。マズローにいわせれば、前の年より成長していない年は一度もなかったとされるのが、リンカーンという類《たぐい》まれなる人物であったようです。

さて、ここでいうマズローの自己実現的人間とは、自己や他者、自然に対する受容的な態度がそなわっていること、また、自律的な生き方のできる人のことをいいます。自他をあるがままに受け入れるということは、たとえば、人間にとって誰人《だれびと》も避けてとおることのできない「老い」という問題をありのままに受け入れること、また自然の変化をあるがままに受容できる人のことをいいます。

古代ローマの哲学者であったキケロ（Cicero）は、老年期の円熟味《えんじゅくみ》こそが人間の極地であると述べましたが、自他への受容的な態度とは、まさに、こうした円熟味のある老人が、「老い」とありのままに向き合うことだといえるでしょう。

自律的な生き方は、前節においてふれてきたように、環境問題や食糧問題、民族紛争の問題などに象徴される地球的規模の今日的課題に対処していく上で、現代人に課せられた最も重要な条件であるといえます。

加えて、マズローは、自発的な行動ができる人、自己中心ではなく、問題中心の生き方ができる人が自己実現の人であると指摘しています。自発的な人とは、たとえば、同じ警察官という職業に就《つ》いている場合でも、それを、他の警察官とは違う自分らしさのある個性的な仕事にしていける人のことをいいます。また、問題中心の生き方をする人とは、自分のこと以上に、社会に奉仕し、人のために尽くす利他的な生き方を志向する人のことを指しています。

スイスの法律家で、歴史家でもあったヒルティ（C.Hilty）は、『幸福論』の中で、「人生の最も美しい目的は、できるだけ多く善事をおこなうことである」と述べました。ヒルティはまた、利己的な努力ほど、はなはだしく人を疲れさせるものはないとした上で、健全な力は、ある大きな目的のためにする非利己的な活動から生まれると述べていますが、こうした人間の善行が、マズローのいう自己実現的な生き方にほかならないといえます。

自己実現的人間と「希望」

マズローのいう自己実現的な生き方をする人間、すなわち、利他的な生き方を志向する人々の心には、常に、希望があります。夢があります。悲観的ではありません。希望をたやさない人は、物事に対する考え方の面で、常に楽観主義的です。眼前のことだけに目を奪われているのではなく、たえず、先を見つめ、未来を志向しています。

最近、わが国では、東京大学社会科学研究所が中心となって、「希望学」という新たな学問領域での研究が開始されました。これは、私たちの日々の生活や暮らしの中で、「希望」がどのように形成され、また、失われていくのかということについて、従来の学問的な枠組みに縛《しば》られることなく、学際的に研究しようとするものです。

「希望学」プロジェクトは、社会において個人がもつ希望とはそもそも何なのか、社会は、個人がもつ希望にどのような影響を与えるのか、個人がつくり出す希望は、社会状況をどのように規定していくのかといった点を明らかにするために立ち上げられました。こうした学問的動向は、裏を返せば、現代人が、「希望」という光をいかに失いつつあるかということを物語っているといえます。

いかなる状況であれ、希望をたやさないということとは、自己実現的な生き方をしている人すべてに共通しています。日々、向上心をたやさない人は、楽観主義に裏打ちされた希望というともし火を、心の中に明々《あかあか》と燃えたぎらせています。

アメリカの医師として知られるドッシー（L. Dossey）は、その著書の中で、人がたずさえている信念は、病《やまい》に対する人間の抵抗力を高め、治療を助けること、また、幾百もの症例から、楽観主義は、病を治療する際に、一般に好ましい結果を招《まね》くことに言及しています。

その一例として、ドッシーは、ダートマス大学の研究結果を紹介しています。この研究では、一九九五年に、五十五歳以上の心臓疾患《しっかん》の人、二三二人を対象に、「宗教的な感情や行為」が果たす役割について調査した結果、宗教から何らかの力と慰《なぐさ》め、すなわち生きる希望を得た人は、そうでない人に比べ、手術後により長く生きることが明らかにされました。

こうした指摘は、楽観主義や希望というともし火が、何よりも、人間に生きる力と勇気を与えることを示唆しています。

生きるということは、多くのことを失うということでもあります。人生の途上において、最愛のお子さんや伴侶《はんりょ》、親、そして友人を亡《な》くされた方もいらっしゃることでしょう。すべての財産を、一瞬にして無《な》くされた方もおられるにちがいありません。それは、私たちにとって、筆舌《ひつぜつ》に尽くしがたいほどつらく悲しい出来事です。

しかし、ヒルティはいいます。「何事につけても、『自分はそれを失った』といってはならぬ。『自分はそれを返した』というべきである。君の息子が死んだら、それは返したのである。君の財産が奪われたら、これもまた返したのである」と。

わが子であれ、財産であれ、贈り主がそれを取り戻そうとしてやってきた場合には、贈り主にしたがうべきであるとヒルティはいいます。贈り主がそれをあなたにゆだねているあいだは、それを自分のものとしてではなく、他人のものとして所有しなさいと。あたかも、一夜だけ宿泊をする旅人が、お世話になった宿屋をそうするように……。

こうしたヒルティの言葉は、自己中心的ではなく、利他的な生き方をしている人は、どんなに悲しい現実に直面したとしても、悲観主義に陥《おちい》ることなく、楽観主義で、そのつらさを乗り越えていることを教えてくれているように思います。

キケロは、こう叫んでいます。「肉体は鍛錬《たんれん》して疲れが昂《こう》ずると重くなるが、心は鍛《きた》えるほどに軽くなるのだ」と。

自己実現の人は、自分や他人に対して受容的です。仕事の面でも、自発的で創造的です。常にみずみずしい心で、向上心や成長欲求をたやすことなく、しっかりと前を見つめて歩いていきます。自己実現的な生き方をしている人々に共通していることは、楽観主義であるということです。楽観主義は、私たちに、希望という灯《あか》りをともしてくれます。

アランは、希望は、「よりよき未来に対する信仰のようなもの」であり、「一種の意志的な信念」であると述べています。

その意味では、強靭な意志に裏打ちされた楽観主義の行き着くところは、希望という光をどこまでもたやさないこと、“Never give up!”の精神で進むことにつきると思います。

【引用・参考文献】

アラン（神谷幹夫訳）『定義集』二〇〇三年　岩波文庫
アラン（神谷幹夫訳）『幸福論』一九九八年　岩波文庫
池田大作『新・女性抄』二〇〇三年　潮出版社
池見酉次郎『ストレス健康法』二〇〇〇年　潮文社
カールソン・R（小沢瑞穂訳）『小さいことにくよくよするな』一九九八年　サンマーク出版
河野友信『専門医がやさしく教える心のストレス病』二〇〇〇年　PHP研究所
河野友信『ストレスの予防と治療』一九九一年　池田書店
キケロ（中務哲郎訳）『老年について』二〇〇四年　岩波文庫
北西憲二『くよくよするなといわれても…くよくよしてしまう人のために』一九九八年　法研
クライン・A（片山陽子訳）『笑いの治癒力』一九九七年　創元社
國分康孝『カウンセリングの理論』一九八〇年　誠信書房
國分康孝編『カウンセリング辞典』一九九〇年　誠信書房

小林正幸・豊田幸恵・沢宮容子　「楽観性が心理的ストレスに与える影響について」二〇〇二年　東京学芸大学付属教育実践総合センター研究紀要　第二六集
小林充　『プラスイメージ成功法』一九九六年　三恵書房
三省堂編修所編　『広辞林（第六版）』一九八三年　三省堂
下村湖人　『青年の思索のために』一九五五年　新潮文庫
新里里春・水野正憲・桂戴作・杉田峰康　『交流分析とエゴグラム』一九八六年　チーム医療
セリグマン・M（山村宜子訳）　『オプティミストはなぜ成功するか』一九九四年　講談社文庫
創価大学・鈎　治雄研究室編　「日本の不登校児と親、および韓国の自退傾向にある子どもの文章作品にみる感情分析」二〇〇二年　創価大学教育学部・鈎　治雄研究室
創価大学・鈎　治雄研究室編　「日本・韓国・イギリスの成人にみる性役割意識」二〇〇三年　創価大学教育学部・鈎　治雄研究室
創価大学・鈎　治雄研究室・研究紹介記事　「日本『教師に不信』、韓国『学校に不満』」産経新聞　二〇〇二年四月十二日付
創価大学・鈎　治雄研究室・研究紹介記事　「人より自然に癒される日本人」毎日新聞　二〇〇三年七月二〇日付
テオプラストス（森　進一訳）　『人さまざま』一九八二年　岩波文庫
土居健郎　『甘えの周辺』一九八七年　弘文堂
ドッシー・L（大塚晃志郎訳）　『祈る心は、治る力』二〇〇三年　日本教文社
中谷彰宏　『生き直すための50の小さな習慣』一九九八年　ＰＨＰ研究所
中野目直明・鈎　治雄・池島徳大編　『心の教育とカウンセリングマインド』一九九九年　東洋館出版

中村きさ子「(朝の詩) 定休日」産経新聞 二〇〇一年六月三日付
日本学生相談学会編(責任編集＝今村義正・國分康孝)『論理療法に学ぶ』一九八九年 川島書店
NTT Communication Science Laboratories “illusion forum” http://www.brl.ntt.co.jp/IllusionForum/index2.html
東京大学社会科学研究所 「希望を社会科学する」http://project.iss.u-tokyo.ac.jp/hope/
平井孝男「仏陀の癒し」季刊「仏教」第三九号一九九七年 法蔵館
ヒルティ・C(草間平作訳)『幸福論(第一部)』一九六一年 岩波文庫
フリードマン・M&ローゼンマン・R・H(河野友信監修・新里里春訳)『タイプA─性格と心臓病』創元社
ホールデン・R(荘司 治訳)『笑いに勝る良薬なし』一九九九年 流通経済大学出版会
鈎 治雄『親と子の心のふれあい』一九九六年 第三文明社
鈎 治雄「潤いのある人間関係づくり」一九九九年「ビタミンN」一七六号(株)日本信販
鈎 治雄「心を豊かにするためのワンポイント・アドバイス」一九九九年「ビタミンN」一八〇号(株)日本信販
鈎 治雄「あなたはタイプA? それともタイプB?」一九九九年「ビタミンN」一八二号(株)日本信販
鈎 治雄「新しい世紀を女性の時代に」一九九九年「ビタミンN」一八四号(株)日本信販
鈎 治雄「二十一世紀と自律」二〇〇〇年「ビタミンN」一八六号(株)日本信販
鈎 治雄「人間の心の衣服～防衛機制」二〇〇〇年「ビタミンN」一八八号(株)日本信販
鈎 治雄「信頼を売る女性、信用を売る企業」二〇〇〇年「ビタミンN」一九四号(株)日本信販
鈎 治雄・吉川成司『人間行動の心理学(再版)』一九九二年 北大路書房
増谷文雄『釈尊のさとり』一九七九年 講談社学術文庫

峰松 修「間が抜けて、魔がさす」『こころの日曜日』一九九四年 法研
メドニック・S・A／ヒギンズ・J／キルシェンバウム・J（外林大作・島津一夫編著）『心理学概論』一九七九年 誠信書房
森田ゆり『癒しのエンパワメント』二〇〇二年 築地書館

あとがき

本書の出版を快《こころよ》くお引き受けくださった第三文明社との出あいは、平成七年にさかのぼります。この年、灯台《とうだい》ブックスのシリーズの一つとして、『親と子の心のふれあい』という教育書を上梓《じょうし》させていただくことができました。早いもので、あれから、十年以上の歳月が経過しました。

一昨年の秋のことであったと思います。その年の八月におこなわれた創価大学での夏季大学講座で、筆者が担当した講座「楽観主義の心理学」の内容に関心をもたれた編集部の方が、講座の内容を本にしてみないかと声をかけてくださいました。このことがご縁《えん》で、このたび、本書が出版される運びとなりました。

本書は、毎年の夏季大学講座での講義をはじめ、平成十五年に、文部科学省主催による通信衛星講座エルネットで放送されました「二十一世紀と心の健康」の内容をふまえて、執筆しました。また、かつて、「(株)日本信販(NICOS)」の社内報「ビタミンN」に、「サイコロジーOL心理学」というテーマで、連載をした原稿も含まれています。本書の出版にあたり、当時、「(株)日本信販」とのあいだをとりもってくださった創価女子短期大学の卒業生である長谷川恒子さんに、あらためてお礼を申し上げたいと思います。

毎年、創価大学や全国の主要都市で開催される「心理学」や「教育Ⅱ(親子の心理)」のスクーリングを受講してくださった多くの通教生の皆さんや、例年の夏季大学講座や八王子市内で開催されている市民講座に参加してくださった大勢の方々の真心がなければ、本書が世に出ることはなかったにちがいありません。

なお、本書では、こうした通教生の皆さんが、ブレインストーミングで出してくださった夫婦のストレス解消法に関するアイデアや、家族の実態を描写《びょうしゃ》した「なぞかけ」の作品の幾《いく》つかを紹介させていただきました。これらの方々に、この場を借りて、心から感謝の意を表する次第です。

最後になりましたが、原稿の整理を手伝ってくれた臨床心理士の立山慶一君、また、出版に際して、限られた時間の中で、企画の段階から校了にいたるまで、温かい励ましをいただいた第三文明社編集部の皆さんに、心からお礼を申し上げます。

■索引

〈著者略歴〉
鈎　治雄（まがり　はるお）

1951年、大阪府生まれ。大阪教育大学大学院修了。私立追手門学院小学校教諭、追手門学院大学教育研究所員を経て、創価大学教育学部教授・大学院文学研究科教授。同大学教職キャリアセンター長兼務。日本特別活動学会副会長・常任理事。東洋哲学研究所委嘱研究員。主要著書に『親と子の心のふれあい』『お母さんにエール！楽観主義の子育て』『楽観主義は元気の秘訣』（第三文明社）、『教育環境としての教師』（北大路書房）、『特別活動（改訂版）』（創価大学出版会）、共著・共編著に『子どもの育成と社会』（八千代出版）、『はじめて学ぶ教育心理学』（ミネルヴァ書房）、『人間行動の心理学』（北大路書房）、『特別活動の実践をどう創るか』（明治図書）、『変貌する学校教育と教師』『心の教育とカウンセリングマインド』（東洋館出版）など。

楽観主義《らっかんしゅぎ》は自分《じぶん》を変《か》える——長所《ちょうしょ》を伸《の》ばす心理学《しんりがく》

2006年 2月11日　初版第1刷発行
2013年11月18日　初版第9刷発行

著　者　鈎《まがり》　治雄《はるお》

発行者　大島光明

発行所　株式会社　第三文明社
東京都新宿区新宿 1-23-5　〒160-0022
電話番号　編集代表　03-5269-7154
営業代表　03-5269-7145
振替口座　00150-3-117823
URL　http://www.daisanbunmei.co.jp

印刷・製本　藤原印刷株式会社

©MAGARI Haruo　2006　Printed in Japan
ISBN978-4-476-03268-0
乱丁・落丁本はお取り替えいたします。
ご面倒ですが、小社営業部宛お送りください。送料は当方で負担いたします。
法律で認められた場合を除き、本書の無断複写・複製・転載を禁じます。

第三文明社

21世紀文明と大乗仏教
池田大作
ハーバード大学、フランス学士院、モスクワ大学など、各国を代表する大学等での記念講演のなかから7編を選んで収録した珠玉の講演集。
★定価 本体八〇〇円 ＋税

やさしい生命哲学
——宿命転換をめざして
聖教新聞社 教学解説部
「生命哲学」とも呼ばれる仏法。その深遠な哲理をやさしく解説し、仏法の実践により実現される「宿命転換」の方途を紹介する。
★定価 本体九五〇円 ＋税

食事で治す心の病Ⅰ・Ⅱ
大沢 博
ストレス・うつ・認知症・統合失調症……心の病に食事・栄養が深く関わっていることが明らかになってきた。現代の食事崩壊と薬漬け医療を厳しく批判しつつ、栄養療法をすすめる衝撃の一書。
★各定価 本体一二〇〇円 ＋税

こころの傷が治った
織田尚生・網谷由香利
不登校、家庭内暴力、選択性緘黙、注意欠陥・多動性障害、自閉的傾向、ひきこもりなど、傷ついた子どものこころの叫びを全身で受け止め、ともに勝ち越えたカウンセラーの記録。
★定価 本体一二〇〇円 ＋税

アスペルガーの子どもたち
井上敏明
臨床心理家の第一人者である著者が、「アスペルガー障害」の正しい理解と、家庭における子どものかかわりについて答える。
★定価 本体一二〇〇円 ＋税